El padre del fuego

Sergio C. Fanjul

El padre del fuego

Penguin
Random House
Grupo Editorial

Primera edición: marzo de 2024

© Sergio C. Fanjul
© 2024, Penguin Random House Grupo Editorial, S. A. U.
Travessera de Gràcia, 47-49. 08021 Barcelona

Printed in Spain – Impreso en España

ISBN: 978-84-03-52346-3
Depósito legal: B-628-2024

Compuesto en Mirakel Studio, S. L. U.

Impreso en Black Print CPI Ibérica, S. L.
Sant Andreu de la Barca (Barcelona)

AG 2 3 4 6 3

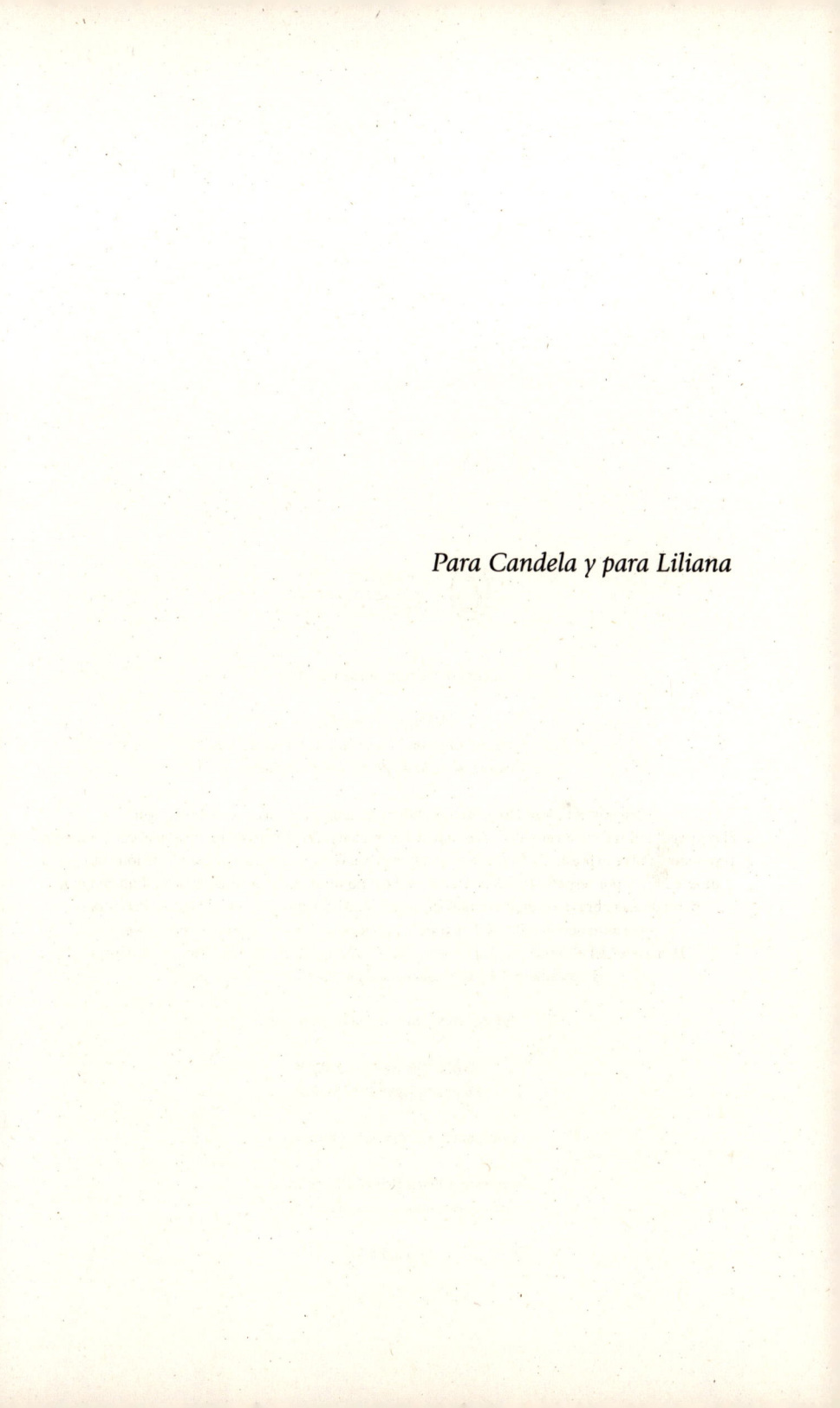

Para Candela y para Liliana

¿Para qué sirven los niños? Para cuidarlos; es decir, *para volvernos cuidadosos*.

SANTIAGO ALBA RICO, *Leer con niños*

Índice

Introducción

Al poco de nacer mi hija, a mi madre le diagnosticaron un agresivo cáncer de páncreas. Solo compartieron el mundo durante diez meses. Presenciamos, atónitos, cómo Marisa y Candela se daban el relevo en la existencia. Se cruzaron como dos que se cruzan en la ventolera gélida del tiempo, se dicen hola, se dan un breve abrazo y siguen su camino. El camino de Candela acababa de empezar y se dirigía a no sé dónde. El camino de mamá conducía a un precipicio. Una llama se encendía y otra llama se apagaba. El fuego permanecía.

Nunca acabamos de saber si esa coincidencia fue una maldición o una bendición. La presencia de Candela le hizo a mamá más llevadera la enfermedad. Le dio un incentivo para soportar las penalidades de la cercanía de la muerte. Le bastaba ver a la niña, tocarla, observar sus juegos, escuchar sus diminutos sonidos, para que se le olvidasen los males y los miedos, como si ninguna célula maligna se estuviera reproduciendo, constante y silenciosa, colonizando nuevos órganos, conspirando en la oscuridad, por dentro de su cuerpo. Parecía que se estuvieran traspasando un fuego secreto y mamá fuera a sobrevivir de alguna forma en Candela, dentro de Candela, envolviendo a Candela. El humo negro de la muerte se disolvía ante la presencia de la niña como por un sortilegio antiguo. Mamá se pasaba el día pidiendo vídeos de su nieta, viéndolos una y otra vez, enviándoselos compulsivamente a familiares y amigos, llena de orgullo. Yo, oculto tras la puerta, la escuchaba reírse sola en la habitación, absorta en la pantalla del móvil, envuelta en la luz mortecina que precede al fin.

Mamá se fue en paz, o al menos eso quiero creer cuando cada noche la recuerdo, sabiendo que yo había formado una familia y que su legado genético y su memoria perdurarían en Candela. Conocer a su nieta, aunque fuera en los últimos resquicios, tal vez le diera esa sensación de continuidad que en otras épocas proporcionaban Dios, la familia, el terruño. Me dio paz que mamá se fuera con esa certeza, cerrando de algún modo su ciclo vital. Nunca pensó que iba a morirse tan pronto, después de una vida ejemplar, una vida bailando, comiendo bien, bebiendo agua, tan saludable que no le permitía entender la causa de su enfermedad, que era el mero azar, el ciego azar, el cruel azar que nos maneja. Mamá pudo saber, al menos por un rato, lo que se siente siendo abuela. La *abu*, como quería que Candela la llamase.

Durante aquel proceso lento en el que mamá se iba marchitando, cuando nos mudamos de Madrid a Oviedo para cuidarla, nos embargaba un hondo sentimiento de injusticia por tener que coordinar la infinita alegría por la llegada de Candela con la infinita tristeza por la partida de mamá. Liliana, en pleno puerperio, en completa desubicación vital, alejada del nido que estábamos creando, se echó a la espalda los cuidados de Candela en solitario. Todos los planes que teníamos para la llegada del bebé saltaron por los aires. Mientras, yo me ocupaba de mamá y de los quehaceres que rodean al morir. En casa permanecían en habitaciones contiguas: a la derecha Liliana había creado un mundo paralelo con peluches, cuentos y canciones, y allí vivía con Candela, que siempre se reía, desafiando a la muerte. A la izquierda, a dos pasos, mamá yacía en su cama, la nave espacial que la llevaría a una dimensión desconocida.

Allí pasaba el día, tumbada mientras yo controlaba el intenso flujo de visitas y me peleaba con ella para que se tomase la medicación. Cada noche era una maniobra angustiosa ponerle la inyección de heparina en el vientre, contra su avalancha de quejas, o conseguir que se tomara los ansiolíticos, los analgésicos, aquella panoplia de pastillas de todas las formas y colores que odiaba tragar. Cuando acababa el proceso diario, apagaba la luz, salía de la habitación de mamá y entraba en la de Liliana y Candela para llorar con ellas. En una habitación se nacía y en otra se moría. Como yo no cabía en ninguna, dormía en un colchón en el salón. Todas las noches mamá me llamaba a lo lejos, desorientada tras un despertar imprevisto. Todas las noches me asomaba a consolarla, porque le costaba recordar dónde estaba o qué estaba pasando.

Me enfadaba esa coincidencia fatal cuando, por edad, mamá podría haber conocido a su nieta hasta los diez años, o incluso hasta la adolescencia, que eran los cálculos que yo manejaba antes del adenocarcinoma pancreático. Aquel era un monstruo tan feo como su nombre, que había ido apareciendo cada vez más nítido en ecografías, tomografías y resonancias magnéticas, pasando de ser un miedo, una posibilidad remota, a una realidad ineludible, completamente

refractaria a la esperanza. La vida es tenaz a la hora de arrui-
nar nuestras previsiones. Candela permanecerá para siempre
siendo un bebé para mamá, así quedará grabada en su memoria ultraterrena, si es que los muertos tienen memoria. No
la verá crecer. No podrá darle consejos ante los primeros
trances. No podrá mimarla en términos excesivos, como dicen
que miman las abuelas. Candela nunca recordará a mamá
más allá de nuestras fotos y nuestros cuentos. Nunca tendrá
a esta abuela. Se sentirá un poco más arrojada al mundo.

Creía que no se iba a morir nunca y al final se murió el día
de su cumpleaños, como en una última *performance*, muy
temprano, en uno de esos días de plomo asturiano, con la
verde fronda del monte Naranco en la ventana. Cuando
mamá acabó de morir (porque morir fue un proceso costoso),
y murió un lunes a las 7 de la mañana, como quien va al
trabajo, y yo acaricié por primera vez un cuerpo frío, apareció
el duelo, una ausencia aún más grande que la que había
previsto, ocupado como había estado en el día a día del acompañamiento hacia la muerte. Una retahíla interminable de
resultados desfavorables, médicos, taxis, hospitales, mensajes
de ánimo, visitas, un funeral, mucho papeleo, un entierro en
una tumba vieja, un día muy nublado, bajo el castillete silencioso de una mina abandonada. Cuando todo pasó y llegué a casa, después de dejar las cenizas en el cementerio de
Moreda, aquella tarde en la que orbayaba como en un guion
cinematográfico, la realidad me golpeó como un muro. Mamá
no volvería a estar. Mamá no volvería a llamar. Mamá había
perdido su existencia. Era completamente inverosímil.

Y ahí seguía Candela, tras todo el teatro de la muerte que tanto protagonismo le había robado, ahí seguía, reptando por el suelo, haciendo simpáticos movimientos con la manita, poniéndose perdida al comer trozos de fruta, siendo extremadamente adorable. Me dijeron que lo mejor para sobrellevar el luto era volcarme en la niña, me dijeron que centrarme en ella ahogaría las penas, que la niña, hechicera inconsciente y suave, seguiría obrando conmigo ese antiguo sortilegio de espantar la muerte y su recuerdo. Sin embargo, de pronto, el contacto con Candela me causaba aún más pena: me recordaba cuánto la quería mi madre, cómo le hubiera gustado verla crecer, el absurdo empeño que tenemos en existir y continuar una estirpe. Me rondaba sin descanso el enigma de los que vienen y los que se van, ese antiguo problema filosófico en torno al paso de la inexistencia a la existencia y viceversa, el fogonazo entre dos vacíos cósmicos. Y me apetecía todo el rato mandarle a mamá fotos del bebé por WhatsApp, unas fotos que ya nadie vería al otro lado, solo por si acaso.

Me molestaba que, hundido yo en aquel pozo, Candela estuviera tan contenta, como una flor alegre y excesiva, como si tal cosa. Sabía que un bebé no era consciente del drama circundante, que era mucho, pero había algo dentro de mí que se revolvía contra eso, contra su indiferencia, contra su más profunda y feliz infancia. Cómo podía compaginar yo mi duelo con los juegos y las carantoñas, cómo podía yo transitar con naturalidad de un estado a otro. Necesitaba paz y silencio, pensar en mamá, en su marcha repentina, recomponer el mundo. Pero Candela solo provocaba ruido, un ruido feliz, pero ruido al fin y al cabo, una fiesta en mitad del desierto.

Me preocupaba no recuperar el estado de padre obnubi-
lado. La idea de no volver a ver a Candela de la misma manera. Que la muerte de mamá hubiera ensuciado ya aquella
parte de nuestras vidas para siempre, y no solo aquella parte,
sino todo lo que allí se hubiera generado. Eso pensaba en
aquellas tardes en las que el cielo seguía convenientemen-
te gris sobre Asturias, a pesar de que en la tele se anunciaba
que estábamos volviendo a atravesar los momentos estelares
de un verano.

El tiempo, que todo lo destruye, pero que también todo
lo arregla, puso las cosas en su sitio. Pronto, poco a poco, me
alegró pensar que mamá se había fundido en Candela y cuando veía en su rostro algún parecido fugaz empezaba a asomar
una tímida alegría, que deseaba que se alzara hasta el cenit,
como el sol en algunos mediodías.

Candela llegó y mamá se fue. Se perdieron la una a la otra
para la eternidad. Es ley de vida, se dice, que esto ocurra. Pero
«la ley de vida es una ley que deberíamos derogar», me dijo
también una amiga diputada. No sabemos nada. Las leyes
últimas de la existencia, más allá de los movimientos de los
astros o los intercambios de calor, nos resultan inaccesibles.
La llegada de mi hija y la muerte de mi madre me hicieron
sentir con fuerza la correa existencial que une a los seres
humanos, ese chorro de carne y de huesos, de deseos y recuerdos, de bases nitrogenadas y ácido fosfórico, de materia
terca y viva que se proyecta hacia el futuro. Yo ya no era un
individuo. Yo ya era algo más que un individuo.

El alfa y el omega, los bordes del mundo, me hicieron
sentir insignificante y al mismo tiempo primordial, un simple mimbre en el gran tapiz de la historia cósmica. Yo era

uno más, uno de los que transmite el fuego de aquellos que nos preceden y se pierden en la noche de los tiempos a aquellos que nos suceden y explorarán la tierra incógnita del porvenir. Sobre ese fuego, sobre hacer un nuevo fuego, trata este libro.

Esperar

Técnicas para hacer fuego. Se hace una muesca en un trozo de madera de unos treinta centímetros. En esa muesca se introduce un palo fino que se hace girar y girar sin parar, en una y otra dirección, a toda velocidad, frotando las dos manos con el palo entre las palmas. Las virutas se irán calentando hasta que se inicie la combustión. Es solo una manera, pero hay otras. Por ejemplo, chocando dos piedras, una dura, como el sílex, y otra rica en hierro, como la pirita, hasta que salten chispas: las chispas que encenderán el fuego. También se puede usar una lupa cuya lente cóncava concentre la luz del sol sobre la paja, o un juego de espejos que también concentre su poder hasta que surjan, mágicas, las llamas.

El fuego al principio es siempre precario y débil, y puede terminarlo un mínimo viento o un soplido. Por eso solemos protegerlo haciendo una caverna con nuestras manos o nuestro cuerpo, para conseguir que el fuego crezca y se establezca, que se convierta en una hoguera sólida y hermosa. Una hoguera que salió de lo que antes fue solo una pequeña llama que bailaba en soledad. Es muy raro el fuego, no se sabe muy bien lo que es, y si se sabe, si se busca en la Wikipedia, aun

no se entiende del todo. El fuego arde, a veces se descontro-
la y quema el monte, a veces se domestica y sirve para otros
fines, calentar la casa, cocinar la comida, encender una pipa
de opiáceos. Todos los fuegos son iguales, pero todos los
fuegos son al mismo tiempo diferentes, impredecibles, únicos
y azarosos, una intrincada danza de molécula y misterio. Al
final todo fuego, igual que se enciende, se extingue. La vida
es como un fuego, al principio muy débil, que hay que mimar
y proteger. Liliana y yo una vez decidimos hacer fuego.

Aún permanece en el misterio la razón por la que quisimos
tener una hija, cómo nació ese deseo en nuestro interior, un
fueguito aún pequeño. Tener descendencia no sale a cuenta
desde cualquier cálculo racional: supone un fuerte gasto económico, una notoria pérdida de libertad, una creciente carga
de responsabilidades y, lo más importante, añade una gran
vulnerabilidad. Pero esta lógica de pérdidas y ganancias es
una que utilizamos en otros ámbitos de la vida, no en este.
Aquí opera otra lógica: no nos comportamos como un *homo
oeconomicus*. Un amigo me dijo una noche, tomando sidra,
que cuando fuera padre se abriría una ventana dentro de mi
mente a través de la cual siempre monitorizaría el bienestar
de mi hijo, que se convertiría en una preocupación constante, que me haría abrir un ojo en mitad del sueño, angustiado
ante cualquier mal presagio y correr a su habitación para
comprobar que duerme tranquilo. Un circuito mental se que-
daría perennemente encendido, igual que el piloto de *stand
by* del robot aspiradora. El primer milagro de la vida es que
la gente quiera tener hijos.

Una madre, un padre, se convierten en avanzadísimas máquinas de cuidar, en electrodomésticos para la supervivencia filial, en robots cambiapañales, y también se convierten en máquinas sin propósito cuando falta el hijo. Por eso ser padre es también exponerse a la tragedia de un hijo que sufra, que enferme, que caiga en la miseria o en el presidio, que muera. La paternidad puede traer el mayor amor a los días, pero también el mayor dolor que los seres humanos pueden experimentar. Que un hijo muera antes que sus padres es un hecho aberrante, tanto que casi no se conceptualiza: existen palabras para las personas que pierden a sus padres, son los huérfanos, pero no disponemos de palabras para las personas que pierden a sus hijos.

¿Cuáles eran mis expectativas ante una paternidad que ya se vislumbraba en el horizonte? No mucho tiempo antes, según iba sabiendo, el relato oficial contaba el embarazo y la maternidad como un camino de rosas, un mundo acolchado y rosáceo pleno de felicidad, el fin calculado para cada mujer. Lo iba sabiendo entonces porque en mi asilvestrada juventud no prestaba demasiada atención al relato comúnmente extendido sobre el embarazo y la maternidad, ocupado en otras actividades propias de la gente joven todavía libre de cargas y llena de anhelos. En los últimos tiempos, también fui sabiendo, la situación había girado en redondo y se había popularizado el relato contrario: sacar a relucir las durezas de la crianza, el esfuerzo continuo, la falta de sueño, las renuncias constantes, las tensiones en la pareja, el no-me-da-la-vida. El sufrimiento y la entrega de las madres, sobre todo las madres, habían sido pasados por alto durante milenios patriarcales, como parte de un territorio secreto que los demás,

desde fuera, no llegaban a entrever. Con el auge del feminismo había empezado a llegar la luz a zonas que, no por cotidianas, dejaban de ser oscuras. Mientras esperábamos se nos
profetizaban las miserias de la paternidad y lo más fácil era
entrar en pánico. ¿Cómo he podido meterme yo en este su-
plicio?

Manejando todo tipo de informaciones pude formar expectativas. Creía que, por un lado, ser padre, tratar con un
diminuto ser y conducirlo con mimo hasta la edad adulta,
iba a ser una experiencia que me proporcionaría momentos
de extrema felicidad. Por carácter, pensaba que me iba a im-
presionar la paternidad en su dimensión cósmica, de fusión
con los ritmos de la naturaleza, de hito vital que lo cambia
todo, de transmisión genética. Ya lo estaba haciendo. Pero,
por otro lado, gracias a aquellos nuevos puntos de vista que
relataban aspectos menos amables, ya había aprendido
que esa tarea hercúlea iba a absorber buena parte de mi vida
durante unos años, bastantes años, quizá hasta que fuera yo
viejo, que iba a causarnos cansancio, estrés y gran variedad
de disgustos y preocupaciones.

—Da igual que te lo expliquen antes: el cansancio que
conlleva, la exigencia, el sacrificio no se pueden concebir en
toda su dimensión hasta que se vive en primera persona —diría Liliana tiempo después.

Yo estaba de acuerdo, y lo achacábamos a una estrategia
evolutiva: debía de haber algo en la naturaleza humana, aven-
turábamos, que evitaba que aquellos que se proponían ser
padres consiguieran prever con la suficiente nitidez el futuro
que se avecinaba. En caso contrario, esa información podría
resultar disuasoria y acabar con la transmisión del fuego.

Me extrañaba esa forma de valorar la paternidad en el eje bien/mal o disfrute/sufrimiento. Cuando quise dar un giro a mi vida hacia la felicidad y el bienestar, le pedí a Liliana una consola PlayStation 4, y Liliana me la regaló, para mi sorpresa, por mi cuarenta cumpleaños. Y, en efecto, mi vida se hizo más placentera y luminosa, dentro de los mundos pixelados en los que me adentraba. Ahora la situación era diferente: íbamos a tener una hija, y yo no esperaba que esa hija fuera a mejorar mi vida al modo de una PlayStation 4. Simplemente iba a hacer mi vida más vida. Una hija no venía para proporcionarnos bienestar, sino tal vez para lo contrario.

Cuando corrió la noticia, algunos vecinos me dijeron, en encuentros fortuitos por las aceras, que la paternidad «al final te compensa». Quienes preferían hablarme de los sufrimientos asociados, y se detenían en ellos con mucho detalle, rato después terminaban con una breve mención a las partes positivas. Quizá se arrepentían por haberse explayado demasiado, y demasiado negativamente, sobre una condición, la de padre, la de madre, central para la existencia. Concluían que ser padre «compensa», aunque yo no sabía si uno debía esperar ser compensado cuando ingresaba en este negocio. Lo consideraba, más bien, una inversión a fondo perdido. Y luego los vecinos se iban caminando, calle adelante, cargando las bolsas del supermercado.

Intuía que ser padre tendría la textura de otras peripecias vitales, como enamorarse o consumir drogas recreativas: momentos que se relatan como de extrema felicidad, pero que esconden un reverso tenebroso. No por eso la gente deja de pasar por ellos, sino todo lo contrario. Me inquietaba la perspectiva de abandonar cierto hedonismo en el que la sociedad en general y yo en particular llevaba instalado no sé cuántos años. Aminorar las juergas por los últimos bares de la noche a los que ya pocos amigos me acompañaban y también las aventuras virtuales en la consola que semejaban una vida paralela donde sucedían cosas extraordinarias. Dejar de levantarme a la hora que fuera, de comer cualquier mierda para salvar la tarde. De leer sin control hasta las tantas de la madrugada, de pasear durante horas y horas, como un explorador de la urbe, por los barrios más lejanos, libre como un peatón cualquiera, libre como un electrón ciudadano.

Ahora tocaba responsabilizarse de alguien. Cuidar. Hacerse mayor. Ya veríamos.

Liliana y yo paseábamos al anochecer por el Campo de San Francisco en Oviedo, mi ciudad natal, el parque donde, siendo niño, había comido mucho puré de plátano y había sentido un ligero rechazo por los demás niños, que berreaban con las narices repletas de mocos y mostraban esa violencia despreocupada que a veces muestra la infancia. En aquellos caminos, siendo adolescente, veía a los temibles heroinómanos rondar el estanque Covadonga como fantasmas sin carne y a las parejas acarameladas rozándose por los bancos más recónditos. Paseábamos ahora en días cortos de diciembre, y las luces de Navidad se mezclaban con las farolas de luz anaranjada que iban encendiéndose poco a poco entre los robles y los castaños de indias al tiempo que la oscuridad avanzaba, colándose entre las ramas y las tablas de los bancos. Los elfos debían de estar escondiéndose entre los arbustos, observando atentos nuestro liviano paseo y, si hubiera de oírse una banda sonora, sería lánguida y misteriosa, como compuesta por Debussy en el cambio de siglo. La humedad recubría las palabras y los árboles.

Sonó el teléfono de Liliana. La voz metálica llamaba de una importante productora televisiva con sede en Madrid para anunciarle que había sido seleccionada como subdirectora de un programa de actualidad de mucha audiencia, no pocas polémicas y un presentador famoso. Liliana preguntó por las condiciones, que eran buenas, al menos en cuestión de salario, y pidió un poco de tiempo para dar respuesta. Estuvimos caminando por el paseo del Bombé y pasamos cerca del estanque de los patos, donde viven los cisnes y los ánades, y donde hay una estatua de Mafalda, debatiendo, sobre todo, acerca de los horarios, que no eran tan buenos. En el sector televisivo, sobre todo si se ocupan puestos de responsabilidad, no suele haber demasiado respeto por la vida personal de los trabajadores y las jornadas son, por lo general, impredecibles y kilométricas, cosa que a mí siempre me había molestado, más bien me sacaba de quicio, tanto desde un punto de vista ideológico, porque me parecía un abuso laboral, como personal, porque aquellos horarios condicionaban de manera notoria nuestra vida cotidiana. No me gustaba que los ritmos irracionales de las productoras televisivas tuvieran una influencia tan fuerte en nuestra existencia. Y había que priorizar nuestra existencia.

—Yo creo que lo primero que tenemos que hacer es una prueba de embarazo —le dije.

Llevábamos una temporada intentando concebir un hijo y a Liliana se le llevaba retrasando la regla unos días, aunque lo achacaba a la casualidad. Y llevábamos más tiempo planeándolo, aunque lo habíamos ido postergando, como suelen postergarse las grandes decisiones.

Mi psicoterapeuta me había contado en largas sesiones cómo discurría el proceso mental a través del cual una pareja decide lanzarse a la incierta aventura. Primero se conformaba la Idea (lo pronunciaba como si la palabra se escribiera en mayúsculas, tal y como se escriben las ideas en la filosofía de Platón), que colonizaba débilmente las convoluciones cerebrales, pero que luego se iba haciendo más grande, más sólida, más inexcusable, afianzada como se afianzan los pensamientos después de pensarlos varias veces y de verbalizarlos con los otros. La realidad de la paternidad se iba abriendo paso en un futuro aún brumoso que nunca se iniciaba.

Las gentes de mi generación se decidían a procrear a una edad que en otras generaciones hubiera sido considerada tardía, en torno a los cuarenta años. Las causas de este fenómeno eran muchas, pero sobre todo dos. Por un lado, las condiciones económicas no promovían la formación de familias. La precariedad crecía y se encadenaban crisis económicas, los trabajos eran inestables y mal pagados, y acceder a una vivienda se estaba convirtiendo en cuestión de suerte, riqueza o gran sacrificio. La otra razón era de carácter cultural. Fuimos educados en una sociedad hedonista, consumista, individualista, el último capitalismo seductor y salvaje en el que los lazos familiares y comunitarios iban perdiendo peso, casi desvaneciéndose como hilos de humo en el aire. El principal objetivo de cada uno de esos individuos aislados, que éramos nosotros, era realizar una carrera profesional exitosa, al tiempo que, en el menguado tiempo libre, se perseguían las experiencias más placenteras, de las que luego se presumía en las redes sociales.

Hacía unos años que nosotros queríamos tener hijos, lle-vábamos ya unos cuantos años de relación, con sus crisis y esplendores, aunque sobradamente satisfactoria. Parecía el momento adecuado. Nos queríamos. Pero siempre había algo más urgente antes que materializar aquella Idea de la que hablaba la psicóloga, una Idea que, según ella, finalmente se materializaría igual que finalmente una gota de miel acaba cayendo de la cuchara. La excusa para procrastinar era un viaje a donde tocase, por placer o por trabajo, un dolor de espalda, un proyecto prometedor que comenzaba, cualquier contingencia iba postergando la gran decisión metafísica por-que, al fin y al cabo, no teníamos prisa. Hasta que, por la propia biología, empezamos a tenerla.

Antes de volver a casa, que cuando estábamos en Oviedo no era nuestra casa sino la casa de mi madre, pasamos por la farmacia Cavia, que abría hasta medianoche enfrente de la basílica de San Juan el Real, donde se casaron el dictador Fran-cisco Franco y mi madre (no entre ellos, se entiende), y com-pramos una prueba de embarazo. Subimos y Liliana impregnó con su orina aquel prodigioso aparato por el que nos habían cobrado unos diez euros. Este hito tenía lugar en mi casa natal, donde se habían producido tantos momentos clave en mi in-fancia y juventud, donde yo mismo había sido un bebé, la casa en la que ese bebé que fui nos miraba desde multitud de fotos tomadas cuarenta años antes, colgadas en pequeños marcos sobre los muebles y en las estanterías. En alguna de ellas voy disfrazado de vaquero, en otra de oso panda, en otra aparezco abrazado a mi madre, con la cabeza reposando sobre su pecho, en otra abrazo a mi padre, que me apretuja contra aquella barba tan dura que siempre me pinchaba las mejillas. Ahora todos están muertos. Si es que puede decirse que aquel bebé era yo y no un ser previo a mi existencia, un ser ajeno del que no guardo recuerdos y sé muy pocas cosas. Nadie es un bebé y vuelve para contarlo. Por eso los bebés son uno de los mayores enigmas que pueblan la faz de la Tierra.

Al cabo de un rato que se hizo largo aparecieron dos líneas en el visor.

Liliana estaba embarazada.

Nos miramos y nos abrazamos, y sentimos un extraño gozo acompañado de un ligero sentimiento de irrealidad, cual si nos estuviésemos mirando a nosotros mismos desde el balcón de enfrente. Fue en ese momento cuando Liliana comenzó a experimentar ese miedo que la acompañaría en adelante, un miedo persistente a no saber hacer las cosas o a no saber hacerlas bien, a no ser una buena madre. Estábamos persiguiendo ser padres y lo habíamos conseguido. Ahora podíamos hasta calcular el día exacto en que había ocurrido: fue a mi vuelta de Córdoba, con leve resaca, donde había viajado a cubrir el festival Cosmopoética y donde había participado en las típicas juergas de poetas que acaban a las tantas en una habitación del hotel. Aquel aparato científico, con sus dos rayitas impresas, obra de la presencia de la hormona hCG en la orina de Liliana, después de unas reacciones químicas que desconocíamos, anunciaba la llegada de ese evento tantas veces postergado y que iba a cambiar nuestras vidas desde aquel mismo día y para siempre.

Lo primero es una sensación de irreversibilidad. Dentro del vientre Liliana se había prendido una mecha que no se iba a apagar. Un pequeño ser, mezcla azarosa de nuestras dos genéticas, que se iba a ir abriendo paso en silencio, célula a célula, de forma tenaz y concienzuda, hasta llegar a ser una persona que nos llamaría mamá y papá.

Con la vida nos pasa como a Agustín de Hipona con el tiempo: si no se lo preguntaban, sabía perfectamente lo que era, si se lo preguntaban (¿qué es el tiempo?), no sabía ni cómo empezar a definirlo. Es fácil señalar a un ser y decir «esto está vivo». Sabemos reconocer algunas de sus características: los seres vivos respiran, se mueven, se reproducen, algunos tienen una mirada de insondable tristeza, como los perros, otros nos dan miedo y asco, como las arañas. Un virus... ¿qué demonios es? ¿Y un zombi? Pero es difícil, tanto para la gente que camina por la calle como para los propios científicos, decir qué es la vida. Yo la percibí con fuerza como esa irreversibilidad, como ese ímpetu invisible hacia delante, eso que avanza contra viento y marea, y que lo invade todo. Uno de aquellos trenes del siglo XIX que avanzaban echando un penacho de humo blanco y haciendo un tremendo ruido por una vía férrea que se dirige a las profundidades del espacio exterior. Esa forma extraña que tiene la materia de organizarse y de replicarse. El porqué, no lo sabemos.

El ser humano ha colonizado el planeta cual carcoma cósmica. Nuestra presencia se ve como una infección sobre esta bola de tierra y metal en las fotos de satélite nocturnas. Miles de millones de luces que se extienden por la superficie, formando cilios, telarañas, cuadrículas, a veces grandes puntos luminosos como en las grandes ciudades (Madrid, por ejemplo, es un racimo de luces led en medio de la oscuridad peninsular) o como líneas que se tienden perfilando las costas, en el Levante español o en la costa este estadounidense. Me gustaba imaginar la manera en la que la vida salvaje se abrirá paso a través de la civilización cuando los seres humanos hayamos desaparecido, de igual manera que la jungla se comió a la civilización maya, y la sigue digiriendo, y cómo se comerá estos palacios de hormigón armado, de acero y de cristal que son nuestras ciudades. «La ciudad es un bosque dormido», me dijo una vez un experto en flora espontánea, esa que surge sin que nadie la espere en las grietas del asfalto o en las juntas de las baldosas. Y en verdad lo es, un bosque que empezará a crecer, a hacerse frondoso y vivo, hasta que aparezcan los osos y los tigres, en cuanto la molesta presencia de los humanos cese de una vez. El cáncer, esas células rebeldes dentro de esa civilización blanda que es nuestro cuerpo, también es una manifestación aberrante de la vida, esa vida tenaz e irrefrenable que se sigue reproduciendo sin control, sin mirar alrededor, hasta acabar con el organismo que la alberga y con ella misma. La vida estúpida y suicida que mató a mi madre.

Yo prefería, sin embargo, una concepción menos sombría, similar a la que Pablo Neruda describió en un poema: «Podrán cortar todas las flores, pero no podrán detener la primavera». Aunque no hubiera ninguna rama donde pudiera crecer la flor, habría primavera, ese hálito intangible que yo asociaba, de manera algo poética, con la vida. Esa primavera invisible que lo mueve todo, que está hilvanada en todos los seres que están vivos, esa llama que se pasa de un ser a otro sin apagarse nunca. Esa era la vida que Liliana empezaba en ese órgano de nombre tan feo, el útero, entre el vientre y las piernas.

—¿Qué padre le voy a dar yo a mi hijo?

Se hizo esa pregunta el poeta Fruela Fernández, mi amigo, en la presentación de uno de sus libros en la librería Cambalache de Oviedo. El lugar me resultaba entrañable porque estaba a pocos metros de un bar nocturno, en la empinada calle Martínez Vigil, detrás de cuya barra yo había dejado los mejores años de mi juventud, haciendo cafés irlandeses y sirviendo Brugal-cola mientras pinchábamos discos pequeñitos de *northern soul*. Allí, en aquel bar de madera, refugio en las tardes nubladas universitarias y en las noches asalvajadas del cambio de siglo, había tenido lugar buena parte de mi educación sentimental y de mi introducción en todo aquello que rodeaba la juventud: los amigos, los amores, los primeros trabajos, las drogas y las músicas, la pasión por descubrir la vida adulta, aunque fuera a trompicones.

Ahora, a pocos metros, a muchos años, Fruela hablaba de su hijo de pocos meses, Marcel, mientras yo lo sujetaba en brazos. Antes de la presentación me había pedido que lo cogiera y yo estaba tan poco ducho en aquellas tareas que no sabía cómo hacerlo y estaba aterrorizado pensando en que en cualquier momento se me iba a caer al suelo y romper en los mil pedazos en que, imaginaba yo, se rompían los bebés. Muchos de los miembros de nuestra generación aprendimos a manipular bebés solo cuando esos bebés fueron nuestros.

Lo enigmático de la pregunta de Fruela era el verbo «dar»: no se preguntaba qué tal padre iba a ser, sino qué padre le

iba a «dar» a ese Marcel que yo sujetaba. Nunca le pregunté
a Fruela por la utilización de aquel verbo, no sé por qué, quizá simplemente porque me pareció hermoso, y ahora que en
verano paseamos por el muro de Gijón con nuestras familias,
y vamos al parque a ver a los avestruces y comemos en sidre-
rías y mesones, sigo sin preguntárselo.

Cuando cayó sobre mí la palabra «padre», me hizo daño.
Así que yo iba a ser padre, pensaba, y pensaba en esa palabra
tan corta y tan grande, una palabra que imaginaba cincelada
sobre la roca de la cordillera Cantábrica, y pensaba también
en lo pequeño que era yo para sostenerla. Me seguía sintiendo un niño, quizá porque había tenido una infancia infeliz,
y ahí me había quedado, incapaz de salir de la niñez, por eso
hablaba tanto con los muñecos de peluche, y temía que, si
venía otro niño a ocupar mi espacio y cercenar mi infancia
infinita, le fuera a odiar como a un usurpador. ¿Y si nacía mi
hijo y yo no quería a mi hijo?

Vino Emilio desde Murcia, y en una terraza de la calle Em-
bajadores, donde el teatro, con alguna copa de más, me dijo:

—No me esperaba que fueras a tener hijos… Después de
lo de tu padre…

Lo de mi padre era eso que había hecho mi infancia infeliz: un padre alcohólico y problemático que, separado de
mi madre desde mis tres años, había seguido pululando por
las calles de Oviedo, frecuentemente borracho, con un aspecto cada vez más deteriorado, tanto que, en ocasiones, los
transeúntes me preguntaban si ese hombre me estaba mo-
lestando, y él replicaba que era mi padre, y entonces me

miraban a mí, tan pequeño, para que confirmase esa información:

—Sí, es mi padre —decía yo, con pocos años y mucha pena.

¿Por qué no podía tener yo un padre normal, un padre protector y cariñoso, un padre atento como tenían otros niños? Mi padre me quería, quería verme, me perseguía por las calles y yo tenía que andar por la ciudad tratando de darle esquinazo. Cada vez que salía del portal miraba compulsivamente a la derecha porque sabía que era muy probable que, al final de la calle, donde el buzón de correos amarillo, mi padre estuviera vigilando, con su chaqueta color amarillo salmonela y su cigarrillo Winston americano insertado en una larga boquilla. No era el único momento de tensión. También cuando se presentaba en el colegio borracho o cuando venía a esperarme a la parada del autobús escolar y los compañeros preguntaban quién era aquel hombre. Un alucinado o un mendigo.

El hecho de que mi padre quisiera verme y pasar tiempo conmigo, aunque fuera para llevarme a los bares a jugar a las máquinas de videojuegos mientras él bebía *gin-tonics*, me dice que mi padre, de alguna forma, me quería, pero que su enfermedad hacía que su amor se convirtiera en daño, igual que cuando me besaba y me pinchaba con su barba tan dura. Mi padre me quería, pero ¿me quería mi padre? La pregunta me sigue rondando: quizá aquella obsesión de papá no era amor, quizá queríamos pensar que era amor y que ese amor era entorpecido por alcoholismo. Pero quizá, como una vez me dijo mi madre no mucho antes de morir, papá no nos quería, papá era incapaz de amar, y realmente hubiera podido hacer algo más por nuestra familia antes de abandonarse a los licores. ¿Era víctima o verdugo? ¿Debíamos comprenderle o condenarle? No tengo la respuesta y ya es seguro que nunca la tendré. Por eso ahora me preguntaban, y me preguntaba yo, por qué quería tener hijos y qué relación tendría con ellos, y si no asomaría por las esquinas la sombra de mi padre.

La sombra y solo la sombra. Mi padre había muerto cuando yo tenía catorce años, solo, de noche, en su piso de soltero, por donde aquel buzón de correos amarillo, donde me llevaba a ver el fútbol y comer pan con atún y mayonesa. Había muerto una noche cualquiera en la cama de 90 en la que su cadáver estuvo cuatro meses hasta que la propietaria decidió entrar porque nadie estaba pagando el alquiler. Nadie más le había echado de menos; pensábamos que se había ido a su Cádiz natal, a San Roque, a Algeciras, a la orilla de otro mar, más cálido y diametralmente opuesto a nuestro mar, y que con su marcha misteriosa nos había dejado cierta paz. Pero cada vez que yo pasaba por delante de su portal, camino al centro comercial Salesas, su cuerpo estaba allí, en el segundo letra LL, esperando a ser descubierto. Los médicos dijeron que su cadáver se había conservado en buenas condiciones debido a la alta y sostenida ingesta de alcohol.

Ahora que yo iba a ser padre no me venían a la cabeza los abundantes padres buenos y amantísimos, sino que me asaltaban los padres alcohólicos, los padres ausentes, los que yo no quería ser, también los padres violentos, los autoritarios, todos esos padres disfuncionales que nos precedieron, los que sometían a las mujeres y pegaban a los hijos, los que se quitaban el cinturón con facilidad y lo usaban como un

arma contra sus seres más queridos, los padres que no jugaban
con sus hijos, los padres severos, los padres que no dieron cariño sino reprimendas, los que desheredaron y repudiaron,
los padres sobre los que se fundaba la dominación patriarcal.
Yo no quería ser uno de aquellos padres, sino de los otros
padres, que todavía no tenía claro cómo eran o cómo tenían
que ser. Debía ser un padre que no replicase los errores de
generaciones precedentes de malos padres, que no replicase los errores de su propio padre. No sabía si sería capaz de
lograrlo.

Las primeras semanas no pasaba nada. Liliana parecía no
experimentar cambios y estaba lejos de las embarazadas que
pueblan el imaginario colectivo, esas que muestran una pro-
minente barriga y que en las catástrofes naturales y los atracos
con rehenes siempre son evacuadas las primeras. Son semanas
en las que solo algunas personas están en el secreto: dice la
sabiduría popular que un embarazo solo se comunica al público cuando pasan los tres meses y ya sabemos que el fuego
ha prendido de manera segura y que ya no hay vuelta atrás.
Era todo tan normal que prácticamente vivíamos sin consciencia del embarazo: uno se abandonaba a la vida cotidiana
como si tal cosa, solo de vez en cuando la idea de la futura
paternidad asomaba a la cabeza, en el momento menos pensado, cuando las ideas se barajaban caóticamente dentro del
cráneo. A veces Liliana me decía:

—Estoy embarazada, ¿no es flipante?

Y yo le decía que claro, que era muy flipante, y flipábamos
un rato, e imaginábamos algunos futuros. Pensábamos en si

tendríamos que mudarnos de barrio o especulábamos sobre si nuestro hijo sería poeta o astronauta, así hasta que mi mente regresaba de forma natural a tareas como redactar una entrevista, imprimir una factura o cortar bien fina la cebolla para un guiso.

Lo único que evidenciaba el embarazo eran las visitas al médico. Fue en una de ellas, en la que se hizo la primera ecografía, cuando cobré verdadera conciencia de que había algo en marcha. Estábamos en plena pandemia, por lo que al futuro padre no le permitían asistir a la consulta para evitar el riesgo de contagio. A Liliana eso le hacía sentir cierto desamparo: tenía en la cabeza la imagen tradicional de la pareja esperando conocer las noticias sobre su futuro hijo y mi ausencia forzosa en la consulta le hacía sentir sola. Quería que yo también formase parte de ese proceso. ¿Quién le hubiera apoyado si, de pronto, llegaban unas malas noticias inesperadas? Y lo que no es menos: quería escuchar en mi compañía los primeros latidos del bebé. Sola se perdía parte de la magia.

Así que Liliana salió primero hacia la cita en el centro de salud de Pontones, donde la Puerta de Toledo. Yo salí un rato después, pero me demoré haciendo no sé qué gestiones, así que cuando ella terminó, salió de la consulta y me llamó por teléfono, yo aún estaba a unos siete minutos a pie del centro de salud, cruzando a buen ritmo las calles del Rastro, según los cálculos de Google Maps. Detecté en su voz cierta molestia por mi retraso, aunque estuviera muy cerca, y pensé que había conseguido aprovechar la primera oportunidad que se me ofrecía para ser mal padre. Esa sensación de que estaba haciendo algo mal, de que siempre podía hacer las cosas

mejor, no dejaría de acompañarme nunca. El día que mi
pareja salía de su primera ecografía yo estaba todavía trotan-
do a unos minutos de allí, con el Spotify enchufado a los
oídos, tratando de mejorar la marca de Google Maps, de ven-
cer a la máquina, de llegar cuanto antes, pero tarde. No quería formar parte de esa nómina de padres despistados que
vivían en mundos paralelos o de los que llegaban borrachos
a las citas importantes porque habían estado de juerga.

Cuando llegué a Puerta de Toledo, Liliana me avistó en
la lejanía, cruzó un paso de cebra y, delante de una cafetería
de franquicia, me enseñó la primera foto de nuestro hijo, o
nuestra hija, porque todavía no se conocía el sexo. La imagen
de la ecografía era una caverna oscura en la que un dragón
mitológico dormía sobre un nutrido tesoro. En mitad de la
caverna había un lóbulo borroso que era el pequeño cabezón
de nuestra criatura. Eso estaba dentro de Liliana e iba crecer.
Sentí un apacible calor en el esternón y una extraña alegría,
cierta levedad corporal y aéreas ganas de reír, una sensación
que sentiría más veces a lo largo de todo el proceso de traer
a nuestra descendencia a casa. Sentí algo parecido a lo que
se siente cuando un avión enfila la pista de despegue y ya no
queda marcha atrás. Vistas desde la distancia, aquellas emociones eran aún pequeñas comparadas con las que vendrían
después, pero eso yo aún no lo sabía.

Lo que Liliana me mostraba era la primera foto, el inicio
de una nueva persona, tal vez el comienzo de un perfil de
Instagram. Me mostró un audio del corazón de la criatura,
que ya funcionaba a pleno rendimiento y a toda velocidad,
como un tema de *techno* duro; eso fue lo primero que escuché
del ser desconocido, un corazón que seguiría latiendo sin

parar durante muchísimos años, por la mañana y por la noche, durante el sueño o mientras se cepillase los dientes, en la salud y en la enfermedad, excepto si esa enfermedad se hacía demasiado grave. Eso me impresionaba profundamente, la tenacidad de un corazón, su falta de descanso, su presencia constante. Y el hecho de que, en aquel momento, Liliana era un ser que albergaba dos corazones latientes. Nos abrazamos de manera abundante en aquella acera y nos fuimos a desayunar un sándwich mixto. Luego Liliana, con sus dos corazones, se fue al trabajo en la tele lejana. Colgamos aquella primera ecografía en la puerta de la nevera, junto a un imán del cómico Miguel Noguera y otro del Ayatolá Jomeini que Pablo nos había traído de Irán, en modo irónico.

Con esa ecografía en el frigorífico ya no era tan fácil obviar el hecho de que estábamos esperando. Cada vez que iba a la cocina a coger una loncha de pavo braseado (y Liliana, tirada en el sofá, me las pedía con intensidad, consciente de su nueva autoridad como mujer encinta) veía aquella imagen y me ponía contento.

Nadie te enseñaba a ser padre. El cargo venía sin libro de instrucciones. ¿Qué tendría que hacer? ¿Cómo debía comportarme? ¿Cuáles eran los diez mandamientos inevitables? Algunos amigos me decían que la paternidad se hacía de manera natural: no hacía falta saber nada. Liliana y yo, tal vez por deformación profesional, buscábamos información compulsivamente en artículos, en libros, en vídeos de YouTube y publicaciones de Instagram. Muchas publicaciones de Instagram.

—Bah —me decía algún amigo—, no te preocupes por los libros. Es un instinto, ya verás. Cualquier día nos van a hacer un examen y expedir un carnet hasta de paternidad.

Yo no decía nada, pero lo que me parecía es que, si bien la paternidad y, sobre todo, la maternidad, tenían un gran porcentaje de instinto natural, estaba claro que era necesaria información. Que el conocimiento nunca estaba de más, como no suele estarlo en ningún otro ámbito de la vida. Si a mi alrededor solo hubiese visto paternidades perfectas y luminosas podría haber creído en ese carácter instintivo, que florecía inmaculado al juntarse un padre y su retoño, como por arte de magia, deslumbrando al mar y las montañas. Pero la historia de la humanidad era la historia de las paternidades y maternidades fallidas, y para comprobarlo solo había que rebuscar en la literatura occidental o en la sala de espera de cualquier psicoterapeuta, donde se amontonaban las personas aplastadas por sus traumas de infancia.

El célebre complejo de Edipo estaba muy presente cuando se hablaba de la relación paternofilial. El complejo, uno de los pilares del psicoanálisis freudiano, se solía resumir así: el hijo desea matar a su padre y acostarse con su madre. Así, al menos, se contaba en las películas y artículos de los cómicos intelectuales del Upper East Side neoyorquino. A la gente le parecía una simpleza y una grosería. Pero me agradó encontrar una interpretación que no era la que había oído por las cafeterías o leído en esos libros que prometían una introducción a Freud en noventa minutos.

Desde ese otro punto de vista, que descubrí no sé dónde, se consideraba que el significado del Edipo surgía cuando la madre representaba un mundo de necesidades colmadas, ejemplificado en el útero materno (pero no solo), que podría equipararse al Paraíso perdido del que somos expulsados al nacer. En ese esquema el padre cumplía el papel de tomar a ese nuevo ser, sacarle de ese mundo de deseos satisfechos e introducirle en las inclemencias del mundo social. Un mundo donde la realidad no siempre se iba a adecuar a su deseo como se suele adecuar a los deseos de un bebé a través de los cuidados. De ahí la pulsión, al menos metafórica, de matar al padre y amar a la madre.

Así se explicaba que el amor de la madre era incondicional: una madre amaría a sus hijos aunque estos fueran asesinos en serie. Por el contrario, un padre, es decir, en lo que yo me iba a convertir dentro de poco, podía repudiarlos o desheredarlos si desaprobaba su comportamiento. Freud pensaba que la civilización solo era posible si reprimíamos algunos de nuestros deseos para hacer así nuestra vida compatible con la vida social. Si uno vive en sociedad, no puede ir haciendo por ahí lo que le da la gana. Ya había empezado a fijarme en la conducta de los padres alrededor, para tratar de aprender por imitación, y en ocasiones veía a algunos, los menos, que gritaban a sus hijos en los restaurantes y en los parques, que los amenazaban, que los castigaban con dureza si no se estaban quietos o se callaban, que trataban de moldearlos con una fuerza inusitada, como si más que a una persona estuvieran moldeando a una herramienta sobre el yunque del herrero.

La amenaza de la decepción y el repudio servía para que los hijos aceptasen sus designios y se integrasen en las normas sociales. En el caso extremo, sobrepasando la severidad paternal, nuestra cultura estaba acostumbrada a la figura del

padre monstruoso, mientras que la figura de la madre mons-
truosa nos parecía aberrante. En definitiva, la madre representaba el Principio de Deseo, la instintiva búsqueda del
placer en la infancia más cercana, mientras que el padre representaba el Principio de Realidad, que entraba en juego
cuando el niño crecía, se desarrollaba y comenzaba a inter-
nalizar las normas y restricciones de la sociedad circundante.
Que el niño identificase ambos roles le ayudaría a desarrollar
una vida social sana y a lidiar con las demandas del mundo
exterior.

Aunque este enfoque me resultaba razonable y me daba
una idea de cuál era la función del padre, también me resultaba desagradable. Una vez más se presentaba una figura similar a las paternidades autoritarias, el brazo armado del
patriarcado y de qué se yo cuántos otros sistemas opresores.
No me gustaba la idea de extraer a mi prole un mundo maternal y paradisíaco, blandito y sonrosado, para enfrentarla
a la rigideces y frioleras del mundo económico y social. Tal
vez, pensaba ahora, la revolución consistiese en hacer que el
mundo se pareciese más al ámbito materno del útero y la
lactancia, tal vez esa fuera la razón última de todo movimiento emancipatorio, tal vez ese fuese el sentido del feminismo
y de la izquierda. Volver al Paraíso del que Dios nos expulsó
para que nos ganásemos la vida con el sudor de nuestra frente. Seguro que se podía ser padre de una manera diferente al
Dios iracundo del Antiguo Testamento.

Otras lecturas me llevaron por el camino de la política y
la forma en la que se entrelaza con la moral. Según el lingüista George Lakoff, las posturas políticas de izquierda progresista y de derecha conservadora podrían equipararse a dos

modelos de paternidad y familia: la del Padre Estricto, para los conservadores, y la del Padre Atento, para los progresistas.

El Padre Estricto se caracteriza por su autoridad y por educar en la observación rígida de las normas. Es uno de los padres que yo tenía en mi imaginario como propio de otra época, ese que castiga a sus hijos y que, para mantener su autoridad, se mantiene alejado de ellos, con cierta frialdad. Autoridad, jerarquía, disciplina. El Padre Atento, según Lakoff, es el opuesto, el padre empático y comprensivo, más centrado en respetar a sus hijos como personas que en educar en el respeto rígido de las normas. Trata de mantener con ellos una relación cercana y horizontal. Antes que la obediencia ciega, busca la comunicación y los cuidados. La disciplina no se consigue en este caso mediante una autoridad inflexible, sino mediante el razonamiento conjunto, la comprensión de por qué las reglas son como son. También, en base a esta teoría, me dedicaba a mirar a los padres alrededor, y comprobaba que era bastante acertado y que, en fin, no solo la paternidad o la maternidad parecían regirse por estos dos polos de actuación, sino la sociedad entera: la actualidad política, la escena cultural, la bronca en las redes sociales.

Tener un padre de un tipo no tenía por qué condicionar a los hijos: los padres estrictos no tenían por qué criar hijos de derechas y lo equivalente para los padres atentos. Y, por supuesto, yo entendía que entre ambos polos se tendía una escala de grises. Más que a padres individuales, Lakoff se refería a modelos generales, a conjuntos de valores que definían las posturas morales de la población según sus creencias políticas. Llevado al conjunto de la sociedad, la figura del Padre Atento sería la preocupada por el bienestar, por las políticas sociales, por la reducción de la desigualdad. Y la figura del Padre Estricto estaría a favor de una mayor responsabilidad individual y una intensa persecución de aquellos que violentasen las normas: las políticas que enfatizaban la ley y el orden.

Me pareció ilustrativa esta conexión que el lingüista encontraba entre los modelos de familia, los códigos morales y las posturas sociopolíticas. Y, aunque no se refiriese a paternidades individuales, yo me sentía más cerca del Padre Atento (y eso era lo natural, entendía ahora con Lakoff, porque me consideraba una persona progresista). También pensaba que ese modelo de padre corría el riesgo de ser demasiado laxo y de generar una prole indisciplinada y tirana que, al final, iba causar daño a los demás y encajar difícilmente en la sociedad. En mi caso, la ausencia de una figura paterna, habiendo padecido a un padre que prefería estar presente en los bares y allí dónde no se le esperaba, estaba en la raíz de cierta indisciplina que yo había arrastrado durante toda mi existencia y que había hecho mi vida caótica, aunque no por ello menos placentera.

Quería hacer lo que promulgaban muchos otros libros, lo que parecía el sentido común de la época, la frase mágica que conjugaba lo mejor de ambas paternidades: «Poner límites con firmeza y cariño». Se decía fácilmente, pero sonaba difícil. Porque lo era.

Venía una persona: la ciencia lo había demostrado. Teníamos las pruebas en diversos informes, analíticas y en la ecografía colgada en la nevera que nos daba un susto cada vez que íbamos a buscar el táper con el arroz del día anterior. Pero, ¿tenía sentido traer a una persona a este mundo? Algunas amistades solían escudarse en esa duda razonable para abstenerse de procrear, y así lo hacían saber en las barras de los bares y en las mesas de las terrazas, poniendo mueca de hastío existencial. El mundo estaba muy mal, en eso no quedaba más remedio que estar de acuerdo.

En los medios, en los libros, en las películas, en mis peores imaginaciones, veía la sobrepoblación, el cambio climático, la amenaza tecnológica de la inteligencia artificial, la probabilidad algo olvidada, pero todavía presente, de una guerra nuclear, las migraciones masivas, la escasez de agua, el auge de los totalitarismos, sus muros y violencias. Y por aquel tiempo, por si fuera poco, transitábamos una pandemia que parecía una película distópica hecha realidad. No se hacían realidad los sueños, se hacían realidad las pesadillas turbulentas del final de las siestas. El futuro ya no era aquel lugar apetecible de mi niñez al que todos queríamos ir corriendo, poblado por mayordomos robóticos y coches voladores, aquel luminoso año 2000 que obnubilaba a los chavales de los ochenta. Tampoco lo sería en adelante. Pero el ser humano era capaz de ignorar cualquier pizca de sensatez: teníamos hijos.

Las ideas antinatalistas criticaban el sinsentido de engendrar a más personas. Éramos muchos, el futuro pintaba negro, ya casi no podíamos ni imaginarlo sin caer en el horror o en el vacío. Nuestro comportamiento como especie era una ofensa contra el armonioso orden natural de las cosas. Los límites del planeta estaban al límite y nos dábamos cabezazos contra ellos. Traíamos niños casi por egoísmo, pues esos niños gene-

rarían nuevos daños en los ecosistemas y, a cambio, solo re-
cibirían sufrimiento. Eso argumentaban los antinatalistas. En
sus versiones más extremas abogaban por la extinción de la
especie: que dejásemos de reproducirnos y desapareciésemos
uno a uno, serenamente, como si la humanidad solo hubiera
sido un error en la impoluta historia del cosmos. En algún
lugar leí que la emergencia de la conciencia humana era un
fallo del sistema, no solo porque el ser humano atentase contra la naturaleza, sino porque la vida llegaba así a ser consciente de sí misma y, por tanto, consciente de su finitud, de la
muerte. El ser humano sabía que iba a morir y esa era su mayor
tragedia. Tal vez hubiera sido mejor que los seres vivos hubieran permanecido en un grado inferior de conciencia. ¿Cómo
le iba yo a explicar a mi hijo la muerte?

Algunos padres se ofendían al escuchar las ideas antinatalistas, como si les estuviesen enmendando la plana. A mí
no me resultaban descabelladas. ¿Por qué iba a ser padre,
entonces? No lo tenía claro. Era un empuje, una fuerza, una
certeza íntima. La vida transcurría en un difícil equilibrio
entre lo personal y lo común, y no siempre actuábamos pensado en el devenir de la civilización. Era uno de esos problemas de acción colectiva en los que un grupo, en este caso la
humanidad, debía coordinarse y cooperar, pero en los que
cada individuo tenía incentivos para actuar según el propio
interés. Y así lo hacía, generando muchas de las catástrofes que
sufríamos. La acción individual, al fin y al cabo, parecía insignificante. ¿Qué importa si yo no reciclo el plástico? ¿Qué
aporta un nuevo ser al vasto océano de lo humano?

También porque quizá pecábamos de presentismo y mi-
lenarismo. Pensábamos que era precisamente en nuestra épo-

ca, y no en otra, cuando iba a llegar el Fin del Mundo. Pero
lo cierto era que las visiones apocalípticas se habían repetido
a lo largo de la historia. Y tener un bebé era un acto de generosidad, un rayo de esperanza que lanzábamos al futuro. La
creencia, quizá ilusa, de que tal vez, algún día, llegaríamos a
salvarnos. Quizá la vida, a pesar de todos sus sinsabores,
merecía la pena.

Pequeños miedos escurridizos iban asomando por pequeñas
puertas de la mente que se iban abriendo y cerrando. El miedo a que nuestro hijo naciera enfermo, o que no llegara a
nacer. El miedo a no saber ser padres, a que se nos hiciera
demasiado duro. El miedo a perder nuestra independencia,
a ser infelices por ello. Otro miedo recurrente, dada mi cronofobia, era que hubiéramos esperado demasiado. Yo no
tenía ninguna prisa, no me hubiera importado esperar algunos años más, manteniendo una vida despreocupada en
nuestro pisito en el centro de Madrid, sino fuera por el límite biológico y por la diferencia de edad que habría entre
nosotros y el niño. Ese asunto me rondaba la cabeza.

La cronofobia: ese miedo al paso del tiempo que me
perseguía desde la adolescencia. Esa obsesión diaria por
contar los días que me quedaban por vivir (en referencia a
las estadísticas de esperanza de vida), esa constante comparación con la edad de los demás, esa averiguación de la fecha
de nacimiento de los intérpretes que protagonizan las se-
ries de Netflix. Fue a los catorce años, al comenzar el bachi-
llerato, cuando le dije a mis compañeros: no me puedo creer
que ya hayamos llegado a primero de BUP. A lo que mis

compañeros, ocupados en cuestiones más terrenales, me respondían: «Sí, ya estamos en primero de BUP, qué pasa». Con esa incredulidad vivía desde entonces. Ese horror por el tiempo que nos traspasaba y se perdía en el sumidero de la historia me iría acompañando a través de los lustros: cuando a los veinte años ya había consumido un cuarto de mi vida (repito, según los datos de esperanza de vida) o cuando a los treinta y pocos gané algo de peso y perdí algo de pelo. Era desesperante: cuando me acostumbraba a una edad ya estaba en otra, y no solo veía pasar el tiempo a través de mi cuerpo sino en el rostro de mis amigos o en la muerte de los seres queridos que me habían puesto en marcha en el mundo. Mi madre, sí, pero también mi padre muchos años antes, o mi tía Vicen, que llegó a nonagenaria y falleció con la cabeza perdida poco antes de que mamá ni siquiera imaginase que era capaz de morir.

¿Cómo iba a reaccionar mi cronofobia, tratada ya sin demasiado éxito, ante la llegada de nuestra prole? Iba a aterrizar en la Tierra un ser que iría creciendo a toda prisa al ritmo que yo transitaba la segunda mitad de la vida, como si mi pérdida de futuro y de vitalidad la fuese ganando mi vástago. ¿Soportaría un calendario andante, de carne cálida y hueso frágil, para recordarme a cada rato el transcurrir de los años, de los meses, de los días, a mí, que odiaba los calendarios, esos odiosos calendarios vacíos del pasado en los que apenas conseguía ubicar los recuerdos?

¿Era bueno que la diferencia de edad entre los padres y los hijos fuera de cuarenta años? ¿Tendríamos fuerzas a nuestra edad, no provecta pero sí notoria, para tratar con un niño explosivo y demandante? ¿Nos entenderíamos en el futuro

con unos adolescentes que estarían culturalmente muy lejos
de nosotros? ¿Comprenderíamos sus aficiones, sus gustos, su
forma de hablar y de vestir, sus valores? Hacía cálculos constantes sobre nuestras edades respectivas con el devenir del
tiempo. Cuando el hijo contara diez, nosotros tendríamos
cincuenta. Cuando tuviese veinte, nosotros sesenta. Cuando
llegase a los cuarenta, nosotros bordearíamos los ochenta.
Aunque, me decían, los ochenta de ahora no eran como los
de antes. Por lo pronto, había que llegar hasta allí. Quizá era
absurda mi obsesión: a Liliana esta brecha intergeneracional
no le importaba demasiado. Eso sí, cuando meses después
fuese al parque volvería con frecuencia diciendo que éramos
todos unos padres muy mayores.

Seríamos padres viejos, una generación de padres viejos.
En realidad, no era tan diferente a mi caso: mi madre, tras
muchos intentos fallidos, me había tenido a los treinta y
cinco años, una fecha tardía para su época, no tanto para la
nuestra, y yo no había percibido ninguna brecha reseñable.
Solo fui consciente de aquella diferencia de edad, superior a
la de muchos de mis compañeros, cuando pasé la adolescencia y me puse a hacer los cálculos, aunque ayudaba el hecho
de que mamá era una mujer moderna de mente y joven de
aspecto. Cuando le presenté a ella mis dudas sobre la edad
para procrear, me dijo que le parecía adecuada, porque era
bueno que nosotros ya hubiéramos vivido nuestra vida plenamente: así no tendríamos reparos en dedicarnos completamente a nuestra hija, sin nostalgias de otras vidas no vividas.
En cualquier caso, estas preocupaciones, como suele pasar
con las preocupaciones, no tenían demasiada importancia
fuera de nuestras cabezas: la realidad pura y dura era que

teníamos esa edad, y que a esa edad íbamos a ser padres. Luego pensaba, ¿y si queremos tener más?

—Jean Pierre, ¿tus padres son franceses?

—No, de aquí, de Alcorcón.

Sucedió en una escuela infantil a la que asistía la hija de un amigo. Cuando me lo contó pensé que había que ir muy fuerte por la vida para poner a tu hijo Jean Pierre cuando no tienes ni un solo gen francés. Pero, bien pensado, si te gustaba el nombre, ¿por qué no ibas a ponérselo?

Un día nos dijeron que nuestro hijo iba a ser una hija. Era curioso que antes de tener esta información nos refiriésemos al niño por venir en masculino, como si lo masculino fuera la opción genérica, por defecto, de lo humano. Intentábamos no hacerlo, pero acababa saliendo de manera natural. Me llenó de felicidad saber que iba a ser padre de una niña: yo había sido criado por mujeres, de modo que asociaba los afectos más íntimos a las figuras femeninas y no a las masculinas. Y no me hacía demasiada gracia la idea de tener que lidiar en el futuro con un adolescente varón.

Cuando iniciamos la búsqueda de nombre para nuestra hija miramos alrededor y nos dimos cuenta de que los nombres estaban cambiando a velocidades inimaginables. Proliferaban los pequeños Zoes y Noas y Chloes y Niles y Enzos e Izans. Nombres de toda la vida como Sergio, Carmen, Rodrigo, Marta, Álvaro o Teresa resultarían tan anacrónicos a las nuevas generaciones como a la nuestra lo fueron Eustaquio, Remigia, Hermógenes o Visitación, que enseguida nos remitían a un tiempo pretérito y rural. Era uno de los principales

objetivos del implacable paso del tiempo: hacer de nuestras
vidas algo ridículo a ojos de los habitantes del futuro.

Elegir un nombre para una nueva persona no era tarea
fácil: si se hacía mal podía pesar como una losa durante toda
una vida, bien elegido podía sumar notablemente a los en-
cantos naturales. Para una decisión tan crucial había que tener
en cuenta muchos factores. La virtud, en mi opinión, estaba en
el aristotélico punto medio entre modernidad y tradición.
Se presentaba una opción muy tradicional, que era ponerle
al hijo el nombre del padre, con lo que se perpetuaba la no-
menclatura generación tras generación. Conocía a hijos que
se llaman igual que sus padres, que sus abuelos, que sus bisa-
buelos: era fácil notar el peso del linaje sobre su propio nombre, todo un agobio en tiempos individualistas en los que se
nos animaba constantemente a crear nuestra marca personal.
También tradicionalmente se había puesto al recién nacido
el nombre que marcaba el santoral (se ofrecen varios al día),
y conocía casos actuales de esta práctica, aunque muy escasos.
Me parecía dejar demasiado en manos de la suerte, de los
ritmos biológicos y de los santos. Tal vez en un futuro no muy
lejano los nombres de la gente se pareciesen a los *nicks* de
internet: @Poopi_flip, Xpepe96 o Nebula.5.

Para nuestra pequeña barajamos muchos nombres, pero
tampoco tantos. Al comienzo de nuestra relación, ocho años
antes de la concepción de la niña, habíamos acordado, no
recordábamos por qué, llamar a nuestra hija Brizna. Eran
fantasías de un futuro que parecía improbable. Llegados a
este punto, la propuesta se había difuminado. A Liliana le
gustaba Miranda, que a mí me parecía un poco pijo, un poco
hípster, o Guillermina que a mí me sonaba a marquesa ve-

nida a menos en una página de Proust. Yo era partidario de rimbombantes nombres mitológicos, como Andrómeda, Calíope o incluso Terpsícore, musa de la danza y el canto coral. Afortunadamente Liliana me paró los pies. El primer nombre finalista fue Celeste y, de hecho, antes de nacer, Candela se llamó así durante un tiempo. Qué raro era poner un nombre a una persona que se estaba gestando: esos niños no nacidos existían más en la mente de los que los esperaban que en el mundo físico. Celeste era un nombre poético y, además, como el padre había estudiado Astrofísica, parecía adecuado. Pero Jose, un amigo barcelonés, sugirió el nombre de Candela, que enseguida nos convenció. Durante un periodo alocado se imponía el nombre compuesto, el hermoso Candela Celeste, que al final, en un ataque de lucidez, juzgamos excesivo.

—¿Cómo vamos a ponerle un nombre a la niña si no somos capaces de imaginar su cara? —se preguntaba Liliana.

Candela nos pareció un nombre fresco y moderno a la vez que tradicional. Supongo que las Candelas del ayer llevaban en su documento nacional de identidad María de la Candelaria o algo similar, pero ahora ya no se llama a las mujeres como a las vírgenes. Candela podía abreviarse de varias maneras para llamarla con cariño o a gritos de un lado a otro del pasillo: Candel, Candi, Dela, Deli, Delita. Podía transformarse con cierta plasticidad para diversas bromas y cachondeos: Candeloide, Candelorum, Candelosis y hasta Kandinsky. Además, nos sugería un aire andaluz (aunque es más bien tinerfeño, de donde es la Virgen del sector), muy apropiado para honrar a mis genes paternos, procedentes de Cádiz, y también un viso extrañamente lavapiesero, donde

Candela se iba a criar. Candela sonaba muy *lolailo*, pero esto a la madre no le gustaba tanto. En cualquier caso, lo mismo serviría si Candela se convertía en una jipi zarrapastrosa que anduviese por ahí tirada fumando flores, como si la nena tendía a la pijez y se pasaba las tardes en *vernissages* de arte contemporáneo haciéndose selfis con morritos.

Pero lo mejor de Candela era que significaba fuego.

A Liliana le creció una barriga inverosímil. Era una extraña muestra de animalidad en mitad de la civilización tecnológica, un cuerpo extremadamente biológico que no encajaba en una ciudad de asfalto y silicio, la curva definitiva contra las rectas de los planificadores del mundo. Ahora las copias se hacían mediante impresoras 3D y no mediante la milenaria técnica de la reproducción sexual: lo que estábamos presenciando en el cuerpo de Liliana era una rareza.

Dentro del vientre de Liliana, sin que Liliana tuviera demasiada idea de fisiología, de bioquímica o de genética, se iban diferenciando autónomamente los tejidos de Candela, como quien pone un programa en la Thermomix. Liliana se había convertido en lo que los ingenieros llaman una «caja negra»: sabíamos cuál era el *input*, un espermatozoide y un óvulo, y cuál era el *output*, una niña, pero no lo que pasaba en medio. Nos resultaba rarísimo que el cuerpo de Liliana supiese cómo crear otro cuerpo dentro de sí, que supiese dónde tenía que crecer el hueso y dónde el músculo, dónde poner las orejas, cómo fabricar dos pequeños ojos, unos artefactos tan complejos que muchos creacionistas decían que solo podían haber sido diseñados por un gran Diseñador

Universal, por un Dios fabricante de muñecos, y no por el ciego azar de la evolución. Pero el caso es que ocurría, mientras nosotros comíamos patatas fritas con boquerones y el cuerpo de Liliana iba convirtiendo esas patatas fritas y esos boquerones en el cuerpo de Candela. El naciente cerebro de Candela estaba hecho de boquerones y patatas.

Como aquella esfera creció poco a poco, creo que no fui consciente del tamaño que llegó a alcanzar; ahora, al ver las fotos, me da la sensación de que estaba siempre a punto de estallar como una piñata. A Liliana le sorprendían los cambios que estaban operándose en su cuerpo, y le costaba moverse, le dolía la espalda y pasaba mucho rato acariciándose la barriga reluciente. Candela estaba dentro, ya era muy grande, sentíamos sus movimientos.

—Mira, da patadas —me decía Liliana al tiempo que colocaba mi mano sobre el lugar donde resonaban.

En efecto, había una persona dentro de otra.

Durante una temporada Liliana fue a su redacción vestida con ropa demasiado grande, al modo de un rapero de los 90, para ocultar su embarazo en la medida de lo posible. Afortunadamente la moda *oversized* era común, así que en vez de pensar que era una embarazada infiltrada, la gente de la oficina pensaba que era una moderna siempre atenta a las últimas tendencias. En el trabajo tenía un primer contrato de tres meses y, después de ese primer contrato, llegaría otro mejor. Liliana temía que alguien advirtiese que estaba embarazada y se truncase su nuevo contrato que, además, le daría derecho después a la baja por maternidad. Se sentía mal por estar ocultando su embarazo, por no poder decir nada ni a sus compañeros más cercanos, pero se trataba de una lucha por la supervivencia. Posteriormente, cuando todo se descubrió, la empresa se comportó de forma exquisita, así que el teatro fue en balde, pero me llamó la atención cómo ese miedo anidaba en Liliana al igual que anida en muchas mujeres que temen perder el trabajo por esperar un hijo. Se cogió la baja pronto, antes de lo previsto, porque sufría frecuentes lumbalgias que la dejaban postrada. Eso también le hacía sentir mal, como si tuviese un compromiso ineludible con el trabajo, como si tuviese que luchar contra el estereotipo de que las embarazadas son unas enfermas o unas inútiles, que demostrar que era posible esperar a una criatura y seguir produciendo al máximo.

Mi embarazada favorita iba entonces por la ciudad, con su bola del mundo por delante, meándose cada quince minutos. Así que también iba pidiendo utilizar los baños del gremio hostelero, y el gremio hostelero era muy amable y le dejaba pasar al aseo a hacer pis, dado su delicado y prometedor estado. Pero hubo un porcentaje pequeño, aunque no desdeñable, que le impidió el paso.

—Para usar el baño hay que consumir, señora —le decían—, solo le puedo dejar pasar si es usted cliente del hotel...

Etcétera. Curiosamente, en este colectivo de negadores del baño predominaban las mujeres, lo que a Liliana le parecía aún más indignante.

Comprobamos que había quien pensaba que los hijos solo les competen a los progenitores. Esta opinión estaba sobrerrepresentada entre los trols de Twitter que vociferaban que las embarazadas eran unas caraduras por tener pipí, que se pidieran un agua mineral, que los bares eran negocios no ONG, que esto era el capitalismo, estúpidos. Era obvio que los hijos les competían a los progenitores, pero me gustaba ver la reproducción como algo que también implicaba al resto de la sociedad. Al fin y al cabo, la sociedad, lo colectivo, se reproducía a través de cada nuevo ser individual. El espacio público surgía de la iniciativa reproductiva privada. Cada mujer embarazada era un fuego de esperanza, una tejedora del tapiz de la especie que se tendía del pasado al futuro, aunque el futuro pareciese un muro. La gente que pensaba que las nuevas generaciones eran propiedad de sus padres era la misma que quería embutirles a los niños sus creencias religiosas o políticas como si fueran seres de su propiedad. Como una pertenencia de la que disponer y a la que moldear a su antojo. La sociedad y la educación pública estaban precisamente ahí para defender a los niños de sus padres, sobre todo cuando los padres eran unos cafres.

Por entonces me hicieron llegar un texto del poeta libanés Khalil Gibran, un autor muy trasegado en el ámbito del crecimiento personal y el pensamiento positivo, cuyas obras solían verse en redes sociales acompañadas de bucólicas imágenes de pastos, crepúsculos y lobos aullando a la luna. No siendo yo amigo de esas corrientes de pensamiento, o mejor dicho, de sentimiento, el texto me parecía interesante. «Tus hijos no son tus hijos, / son hijos e hijas de la vida, / deseosa de sí misma. // No vienen de ti, / sino a través de ti, / y aunque estén contigo, / no te pertenecen». Y más adelante, continuaba: «Puedes esforzarte en ser como ellos, / pero no procures hacerlos semejantes a ti, / porque la vida no retrocede ni se detiene en el ayer. // Tú eres el arco del cual tus hijos, / como flechas vivas, / son lanzados. / Deja que la inclinación, / en tu mano de arquero, / sea para la felicidad».

Si una hija no era una propiedad de sus padres sino un ser individual y al mismo tiempo un mimbre de la sociedad por venir, y si era responsabilidad común la continuidad de la especie, facilitar la micción a las embarazadas debería ser un deber moral para los hosteleros, igual que dar un vaso de agua al sediento, ayudar a un niño perdido, consolar a un anciano dolorido o socorrer al moribundo. Y no solo para los hosteleros, sino para cualquiera. Algunos encargados y camareros creían estar ahí solo para aportar las imprescindibles cañas a la mal entendida libertad y hacer caja, porque ya solo parecía entenderse la dimensión mercantil de los bares, de las viviendas, de la cultura, de la ciudad entera, del mundo. Hasta la paternidad se estaba comprando y vendiendo.

Según se aproximaba la fecha del parto crecían las preocupaciones logísticas, sobre todo en Liliana, que decía ser víctima del síndrome del nido, según había leído por ahí. Sentía una fuerte urgencia de llevar a cabo exhaustivos preparativos materiales, así que intensificaba su consulta en páginas web sobre la parafernalia necesaria para una crianza exitosa. Un mueble cambiador, una hamaquita para el meneo, abundante ropa o una tecnología, aún desconocida para mí, llamada sacaleches. El ímpetu consumista que empapaba la sociedad nos empapaba desde el puro momento del nacimiento, e incluso antes: había un sinfín de empresas y emprendedores dispuestos a vendernos otro sinfín de métodos y artefactos con la promesa de hacer la crianza más fácil y eficiente. Y, por tanto, hacernos infinitamente más felices.

La ventaja de operar en este nicho de mercado era que los compradores, es decir, los futuros padres o los padres primerizos, eran proclives a sentirse malvados si no disponían de los mejores materiales para su prole. Por un hijo se hace lo que sea y se compra lo que sea. Pero buena parte de las mercancías que nos ofrecían no eran necesarias: ahí entrábamos en contacto con el corazón del sistema económico, que se basa en ofrecernos saciar necesidades que no son tales. El mueble cambiador, que tardamos un día entero en montar y que usamos con intensidad en los primeros momentos, poco después cayó en el olvido y se convirtió en un trasto a ofrecer en Wallapop. La venta, a otros futuros padres ansiosos por acumular materiales, fue compleja, porque a los compradores no les entraba en el coche y hubo que paralizar la calle Argumosa para desmontar el mueble y cargarlo. Además, y esto era hermoso, en el mundo de la crianza operaba una extraordinaria solidaridad: los padres primerizos solían recibir un aluvión de ropitas y chismes heredados de otros bebés que habían sido y que ya no eran, porque los bebés crecen muy rápido, según íbamos entendiendo, y dejan a su paso un reguero de cosas seminuevas, o incluso a estrenar.

—Tú no te preocupes tanto por las cosas: si cuando nazca la niña falta algo, puedo bajar a la tienda de Atocha a comprarlo —le decía a Liliana—. ¡Las tiendas seguirán abiertas después del parto!

No le tranquilizaba demasiado.

Esta toma de decisiones en el plano logístico conllevaba otra en el plano cultural. Al visitar alguna tienda de ropa infantil nos encontramos con el clásico dilema entre los colores rosa y azul para caracterizar a las niñas y los niños. No éramos unos radicales de la elección de género, pero tampoco queríamos caer en estereotipos vetustos. En algunas de aquellas boutiques, cuando pedíamos ropa para la niña, era inevitable que nos la ofrecieran de color rosa: toda la tienda se veía muy binaria, y me resultaba sorprendente que siguiera siendo así a estas alturas.

No estábamos en contra del color rosa en sí mismo, de hecho, éramos convencidos partidarios (en mi caso, del rosa chicle), pero sí estábamos en contra de un color que anunciase el género del bebé. Renunciaríamos a ponerle unos pendientes a la niña, en cuanto niña, nada más nacer, una práctica que nos parecía algo salvaje, similar a tatuar a una criatura, aunque mucho más aceptada. Nuestra hija vestiría rosa, pero no exclusivamente o como un indicador, sino en la misma medida que cualquier otro color. Como, sin ir más lejos, el azul reservado a los infantes.

—Pero si de rosa va a estar riquísima —nos decía una dependienta entrada en años en una de esas tiendas.

—Sí, pero preferimos colores más variados —decíamos nosotros.

—Bueno —insistía ella—, de rosa va a estar monísima. Ya lo comprobaréis. Va a estar monísima. Sí, de rosa.

Nos resultaba molesto el tono profético de la dependienta: daba por hecho que, antes o después, la fuerza de la razón, ineludible, nos llevaría a aceptar unas convenciones inmemoriales. El rosa. Aquella mujer, supongo que medio hechicera, nos auguraba una infancia rosada en la que caeríamos inevitablemente, aunque intentáramos resistirnos con todas nuestras fuerzas. Después se dirigió a la caja y nos cobró, quizá algo disgustada, unas prendas de colores variados.

La ropita de Candela: era como una premonición, un recipiente que esperaba sordamente la llegada de su ocupante. ¿Cómo iba a caber un ser en unas prendas tan diminutas? Yo veía aquellos bodis, aquellos pantalones, aquellos gorritos, y me partía de la risa solo imaginando la inimaginable persona que los iba a ocupar. La ropita de Candela ya estaba reservando unos fragmentos del espacio para nuestra hija. Y nuestra hija lo llenaría y esa ropa se iría quedando pequeña rápidamente, y conservaríamos alguna de aquellas prendas para, en el futuro lejano, cuando Candela ya fuese una mujer, volver a alucinar con lo que pequeña que había sido alguna vez.

Y, entretanto, según iban yendo y viniendo los planes y las preocupaciones, las ropas y los artefactos, los libros y las preguntas, el día se iba acercando. Se acercaba el mes de agosto.

Nacer

Era como estar en otra ciudad sin salir de Madrid. Estábamos en un lugar extraño, en un hogar que no era el nuestro, en un barrio desconocido, mucho más al norte, en una ola de calor durante los últimos coletazos de la pandemia. Unos adorables amigos nos habían dejado su casa, con jardín y una pequeña piscina, durante su ausencia estival. A veces, todavía se me hacía raro ver la barriga brillante y reventona de Liliana. Cada elemento parecía desplazado, como si estuviéramos viviendo vidas que no eran las nuestras.

En la ciudad colosal uno podía estar dentro y fuera al mismo tiempo. Yo paseaba por aquellos barrios y todo me parecía tan desconocido, tan poco visto, que cuando regresaba a la casita, también poco frecuentada y extraña, tenía la sensación de estar en otra urbe. No conocía a nadie y nadie me conocía. Me cruzaba con multitudes anónimas, cuerpos entrelazados, insignificantes para mí, y me preguntaba qué demonios sucedía en sus vidas, qué las vertebraba, cuáles eran sus sueños y preocupaciones, por qué avanzaba y avanzaba y cada vez aparecían, sin límite encontrado, nuevos bloques de edificios, nuevas casas, nuevas urbanizaciones,

nuevos almacenes de personas de toda clase y condición.
Cada una de esas personas era el centro de un universo que
no era el mío. Nosotros íbamos a iniciar un universo, una fla-
mante historia particular, puede que insignificante como
todas aquellas, pero un nuevo centro del mundo, al fin y al
cabo. Y un nuevo punto de vista sobre ese mismo mundo.
Íbamos a encender un fuego.

Por las mañanas Liliana se lanzaba, más bien se dejaba
caer aparatosamente, sobre la superficie del agua, desplazando en virtud del principio de Arquímedes muchos litros
fuera de los límites. Era una ballena urbanita, una mamífe-
ra más sobre la faz de la Tierra, zambulléndose en una pequeña piscina ideada, más que para la natación, para el
apacible remojo. Yo la miraba divertido y asombrado, ce-
gado por el sol y los reflejos: no solo ella se estaba tirando
al agua (más bien dejándose caer aparatosamente), sino
también la Candela nonata, que viajaba agazapada en su
interior y que en esos momentos añadía una capa de líquido exterior al líquido amniótico interior, como si viviera en
el corazón de dos planetas cubiertos por el mar, como
Solaris. A Liliana, meses después, le resultaría raro ver las
fotografías de aquellos últimos días, como si la imagen co-
brase una nueva dimensión: entonces sabíamos que
Candela estaba allí dentro, pero todavía no sabíamos quién
era, cómo era su rostro, y era imposible imaginarlo. Ahora
el misterio se había desvelado. Mis recuerdos de aquellos
días, atravesados de césped y de sol, a la sombra de un árbol
cuyo nombre no recuerdo, tendrían la calidad emotiva de
una vieja cinta de Super 8, con sus colores desvaídos y sus
marcas fulgurantes en el celuloide.

El chalet estaba en una de esas viejas colonias que parecen un pueblo incrustado en la ciudad. Entre grandes avenidas y clónicos edificios de ladrillo, de pronto, surgía uno de estos inopinados espacios urbanísticos de calles arboladas y casitas con parcela. Se había ideado como un lugar para humildes trabajadores; ahora, como otras colonias, era habitada por la clase media-alta. No había tráfico, no había gente, el mes de agosto aplatanaba aún más la existencia y aminoraba los ruidos, envolviéndolo todo en el relleno de una almohada. Si no fuera por el lejano rumor de la gran ciudad, que nunca cesa, hubiéramos dicho que estábamos en una población perezosa y mínima perdida en mitad de la meseta. Incluso los vecinos se saludaban como se saludan en las aldeas y los simpáticos señores de enfrente, cuando nos encontraban saliendo a pasear o a hacer la compra en el supermercado Froiz (ese que no había en nuestro barrio), ejerciendo la vida en su mínima expresión, nos preguntaban por la llegada de Candela.

—Ya queda muy poco —decía Liliana mientras se acariciaba la esfera.

Estábamos tan bien y tan tranquilos allí esperando, haciendo una saludable dieta de pescado azul y ensaladas con rulo de cabra, alguna tortilla y buenos embutidos, semidesnudos, que no teníamos ninguna prisa por la llegada del momento. Era como si ya supiésemos, sin saberlo del todo, que vivíamos los últimos ratos de verdadera paz que viviríamos en algunos años: todavía no imaginábamos la alerta que produce la crianza, por mucho que nos lo hubieran contado. Los expertos del ramo habían calculado que Candela nacería el 21 de agosto, el mismo día que regresaban los legítimos propietarios de aquella casa tan acogedora, llena de libros y juguetes. Así que, si el parto llegaba puntual, aprovecharíamos al máximo nuestro relax preparatorio.

El 17 de agosto, cuatro días antes de la fecha, me levanté con el pie dolorido, como de fascitis plantar (al menos eso me diagnosticaron en las redes sociales), por pasear muy fuerte la noche anterior con Bene por el barrio de Prosperidad, un paseo largo en el que me enseñaba antiguos centros sociales okupados y otros escenarios de su juventud. Apenas podía apoyar el pie, así que andaba cojeando. Guardamos algunos vídeos divertidos de aquellos momentos, en los que trato de subir la escalera de forma muy cómica. Al menos visto desde fuera. A la tarde noche, todavía me compadecía yo de mis dolores, algo comenzó a suceder en el cuerpo de Liliana mientras estábamos en el sofá gris mirando una serie de Netflix sobre dictadores.

Liliana empezó a sentir contracciones. Era llamativo, porque no había tenido esas contracciones previas, llamadas de Braxton Hicks, con las que el cuerpo se ejercita y ensaya como un atleta antes de la carrera. Le invadió una sorprendente sensación de tranquilidad. Bajó a ducharse y nos dispusimos a cenar. Hice las mediciones pertinentes con la aplicación del móvil para identificar las contracciones y la aplicación le sugirió a Liliana que bajase a ducharse y que cenase, pero ya lo había hecho, así que sintió cierta seguridad. Lo estábamos haciendo bien. Después las contracciones se fueron intensificando en frecuencia e intensidad, el dolor empezó a crecer, Liliana vomitó y pusimos en práctica todos los ejercicios para minimizar el dolor que nos habían enseñado en la clase de preparación al parto y en fisioterapia. Sin demasiado éxito.

Ya era noche cerrada y en el salón de la casa, tendidos sobre la alfombra, el dolor, más que moderarse, no paraba de aumentar. Liliana empezó a gritar guturalmente como una cantante de *hardcore crust*, colocada ahora a cuatro patas, inspirando y exhalando como recomendaban los métodos canónicos. Yo no sabía qué más podía hacer y miraba nervioso aquella aplicación para contar las contracciones, tratando de sacar conclusiones para la acción.

Como los dolores no se moderaban tomamos la decisión, pospuesta una y otra vez, de llamar al taxi y vivir esa cinematográfica travesía hacia el hospital. Bajé al sótano en busca de la mochila que teníamos preparada y cuando subía las escaleras hacia el salón en penumbra, en el plano contrapicado, los gritos de Liliana allá arriba, resonando en todos los rincones de la casa, me hicieron sentir dentro de una película de terror estadounidense.

—¿Embarazada? —dijo el taxista—. ¡Rápido, les llevaré al hospital más cercano!

Al parecer el conductor también había visto muchas películas de esas en las que los taxis conducen a los partos, tal vez la función más importante de un taxista, solo comparable a seguir, por indicación del héroe y a toda velocidad, al coche de los malos por las callejuelas de los bajos fondos.

—No, no nos lleve al más cercano. Nos esperan en el 12 de Octubre —le dije—. No va a parir aquí, no se preocupe.

El conductor, a pesar de mi tono tranquilizador, no las tenía todas consigo, pero hizo caso. A cada rato miraba por el retrovisor, a ver qué pinta tenía Liliana. Liliana tenía mala pinta, gimiendo, aguantando un dolor inexpresable, mientras las farolas amarillentas de la M30, camino al sur de la ciudad, se iban reflejando sobre su pelo una y otra vez. La situación tenía, ya desde la tarde, un toque de irrealidad, ese que se presenta cuando uno es consciente de que está viviendo un momento histórico, aunque solo lo sea para su historia personal.

Cuando llegamos a la Maternidad, Liliana entró a duras penas, doblada sobre sí misma, soplando, apoyándose en las columnas y las paredes. A mí me hicieron esperar en una sala donde había dos luminosas máquinas de vending. Estaba preocupado, no sabía si los dolores de Liliana eran proporcionados o producidos por algo que iba mal. Me tranquilicé viendo desde la sala de espera cómo, una tras otra, iban saliendo mujeres de taxis, con el mismo rictus de dolor, la misma doblez corporal, las mismas dificultades para caminar apoyadas aquí y allá, y cómo los futuros padres iban uniéndose a la espera en la sala, con la misma cara de despiste, mirando nerviosos qué sacar de las máquinas. No había alcohol, aunque sí todo tipo de grasas y carbohidratos no demasiado saludables. Aproveché para tomar una foto al cartel luminoso, algo retro, donde decía «Maternidad», que brillaba en mitad de la noche como el rótulo de un motel. Le mandé la imagen a mi madre, como un anuncio velado de que Candela ya había iniciado su caída del paraíso.

Entretanto Liliana me iba escribiendo algo desconcertada, porque la habían colocado en otra sala de espera, sin ningún tipo de analgesia, y seguía sufriendo unos dolores insoportables, con la incertidumbre sumada sobre cuánto tiempo tendría que aguardar. Estaba sola en la sala, en una sala muy fría, por la que caminaba agarrándose a las sillas. Como yo no podía hacer nada más que estar allí sentado, dando mecánicamente al *scroll* del teléfono sin poder concentrarme, me dediqué a pensar en la caída del paraíso de Candela.

Había leído que las alusiones religiosas a la caída de un Edén primigenio eran un correlato del nacimiento de los seres humanos: el útero materno, cálido, palpitante, con barra libre de alimento, sería el punto álgido de una vida humana, ese lugar al que siempre desearíamos volver, el bienestar en estado puro. A pesar de ese bienestar, nos ocurría como a Adán y Eva, pero sin pecado original, lo que lo hacía más injusto. Éramos expulsados y obligados a entrar en esta desapacible geografía llena de injusticia, amenazas e incertidumbre. Arrojados al mundo sin más explicaciones, con la maldición de ganar el pan con el sudor de nuestra frente y forzados a morir ignorantes de todos los secretos. Un desalojo como los que realiza la policía en un desahucio, pero esta vez llevada a cabo por un sistema muscular antidisturbios férreamente determinado.

Sin que yo acabara de pensar en esto, Liliana escribió de nuevo: nos mandaban a casa. La dilatación todavía no era suficiente para la hospitalización. Cogimos, algo contrariados, un taxi de vuelta, surcando la M30 nocturna, de regreso a la casa de la piscina. No sabíamos cuánto tiempo tendríamos que pasar allí, pero no fue demasiado: a los veinte minutos de contracciones, mediciones, respiraciones y dolores llamamos a otro taxi para deshacer el camino. Liliana no aguantaba más. Otra vez un taxista preocupado haciendo chistes nerviosos, otra vez la sucesión de luces anaranjadas de las farolas reflejándose en el pelo de Lili y otra vez sus gemidos contenidos, su mano apretando la mía. Era como un *déjà vu*, pero real.

A la segunda fue la vencida y los médicos tuvieron a bien que ingresara. Yo todavía tendría que aguardar unas horas a que Liliana estuviera acomodada en la sala de dilatación y me dejaran pasar a acompañarla.

Era muy de noche. Me senté en un banco cercano a la Maternidad, junto a un césped en el que, al cabo de un rato, se activaron unos aspersores que mojaron levemente la mochila donde llevaba el ordenador y algún libro, no recuerdo cuál, para aliviar la espera. Estaba nervioso, así que no conseguiría enfocar mi atención en esas distracciones. Liliana había vuelto a traspasar aquellas puertas infranqueables para mí y no sabía cuánto tendría que esperar. Delante se levantaba uno de los enormes edificios del hospital 12 de Octubre. Qué extraños lugares son los hospitales. A algunos les dan paz, a otros les dan miedo. Meses después, yo esto aún no lo sabía, los frecuentaría mucho, acompañando al cáncer de páncreas que mataría a mamá. Cuando llegábamos a las consultas, a las pruebas, a las sesiones de quimioterapia, ella lo conceptualizaba de forma siniestra.

—Míralo, es como una fábrica de muerte, no sé cómo la gente puede vivir en esos edificios de ahí enfrente, viéndolo todo el rato —decía antes de bajar del taxi.

Yo le decía que, al contrario, era un lugar de sanación. Pero es que ella se iba a morir, y aunque no lo sabía, sí lo sabía, como si la muerte le hubiese susurrado su destino en un plano inconsciente en el que prefería no mirar. Imbuido de aquel espíritu pesimista, me montaba cada uno de aquellos días en el ascensor, con mi mamá, y leía el nombre de los diferentes departamentos: oncología, cirugía general, aparato digestivo, neurocirugía, unidad de ictus, y los interpretaba como una odiosa lista de todas las cosas que podían salir mal en mi cuerpo, en el cuerpo de cualquiera, en cualquier momento. Íbamos montados en una maquinaria sobre la que apenas teníamos control y que incluso se podía rebelar contra nosotros. Me daba miedo tener un cuerpo.

Al edificio que se levantaba enfrente, como un pequeño rascacielos iluminado en mitad de la noche, lo imaginaba repleto de personas muy ocupadas en curarse o en morir. Era el mismo edificio, coronado por un letrero luminoso en grandes letras azules, que veía en la lejanía cada noche, quince años antes, quince años ya, desde la cocina de mi casa del paseo de las Delicias, en aquel séptimo piso compartido por jóvenes festivos. En aquellos años tanto el nacimiento de una hija como la muerte de una madre parecían quimeras lejanas, pertenecientes a las vidas de otras personas, y mi única preocupación era sobrevivir hasta el fin de semana para jugarme la vida en sus profundidades nocturnas.

Sentado en el banco, al lado del césped, no sabía muy bien qué hacer, qué pensar o, sobre todo, qué sentir: eso me preocupaba. Más que hacer lo correcto, porque yo no tenía mucho que hacer, me preocupaba sentir lo correcto en cada momento, las emociones que procedían, las que tenían que ser, no sabía exactamente cuáles eran. En el banco de al lado, en la penumbra amarillenta de las farolas, pasaban la noche dos jóvenes: un chaval sentado que apoyaba los codos en las rodillas mientras liaba un cigarrillo y una chavala enfrente, con la barriga al aire y el *piercing* brillante, que se contoneaba al ritmo del reguetón que salía del teléfono móvil. Hacía

tiempo que no veía en una persona joven a una coetánea, a
una posible amiga o a una posible pareja, sino a una posible
hija. Pensé en Candela dentro de diecisiete años, solo diecisiete años, bailando reguetón en un banco de un parque
como este, en una penumbra como esta, si es que entonces
todavía el reguetón importa algo. Me fumé dos cigarrillos
Lucky Strike que llevaba encima: solo acostumbraba a fumar
cuando salía los viernes a tomar cañas, pero me parecía un
momento propicio al tabaco, porque en las películas había
visto a muchos hombres, hombres tal vez de otra época, apla-
cando los nervios con tabaco en las cercanías del parto. Luego entraba en el hospital y me lavaba bien las manos y me
enjuagaba la boca porque no quería oler a tabaco cuando
entrase en la Maternidad, cosa que, en otros tiempos, era lo
habitual, porque todo olía a tabaco.

    ¿Qué pinta un hombre en un parto?, me preguntaba. Poca
cosa: es como ese jarrón chino en el que se convierten los
expresidentes del gobierno. Nadie sabe dónde ponerlos. Hay
que tener cuidado de no tropezarse, por si se rompen. Algunos son bonitos, pero hay que buscar algún lugar donde
puedan recibir honores sin molestar demasiado. En aquel
momento ya lo imaginaba, pero se confirmaría horas después,
cuando la rueda de la naturaleza diese el postrer giro y el
parto se iniciara de una vez. Los padres siempre habían tenido difícil acomodo en los nacimientos, tal vez por eso en
otras épocas los vivían en diferido, aguardando en una sala de
espera, muy nerviosos, fumando tabaco negro y caminando
de un lado para otro, interrogando a las enfermeras cuando
escuchaban gritos a lo lejos. O apareciendo algo bebidos en
un acto que seguramente se consideraba una entrañable ex-

centricidad o una muestra de hombría. Muchos, después de chequear a la criatura neonata, se iban de juerga otra vez con los amigos, por aquello de celebrar la paternidad y la virilidad que se le presupone. Hemos plantado nuestra semilla y esa semilla ha florecido: pon otra ronda.

Lo que más nerviosos había puesto a los padres, creía yo, no habían sido las posibles complicaciones, el sufrimiento de la madre o la llegada del hijo; tal vez porque las conversaciones sobre los peligros y retos de los partos habían tenido lugar tradicionalmente en círculos de mujeres. Lo más grave, según mi teoría, había sido enfrentarse de forma tan frontal y palmaria a la propia insignificancia, ese papel subalterno que se vive durante toda la gestación y que también se extiende hasta el fin de la lactancia, o más allá. A la naturaleza del jarrón chino. Ahora las cosas eran diferentes, y lo común era que los padres entrásemos en los partos y diéramos apoyo moral, en la medida de nuestras posibilidades. Yo iba a entrar, claro. De hecho, en un enésimo mensaje de WhatsApp Liliana me decía que ya podía hacerlo, que tenía permiso para pasar a la sala de dilatación.

El viejo mundo se moría y el nuevo tardaba en aparecer, en el claroscuro surgían los monstruos: pensaba en esa frase de Antonio Gramsci. La sala de dilatación a la que recién había accedido era oscura, sin ventanas, cercana al paritorio desde donde llegaban los gritos de las parturientas. Liliana yacía allí, en mitad de una cama ancha, conectada a un montón de máquinas que controlaban sus constantes y las de Candela: era como si madre, hija y máquinas se hubieran convertido en un cíborg sacado de una fantasía ciberpunk. Ahí tendría que pernoctar, en esas butacas de hospital que son muy cómodas para estar despierto, pero muy incómodas para estar dormido.

Liliana parecía más tranquila, en su cara se mezclaba el cansancio arrastrado con el alivio y atontamiento que proporcionaba la anestesia epidural que justo le habían administrado. Aunque a priori había solicitado que le pusieran una anestesia más suave, que le permitiera caminar, la llamada *walking epidural*, una vez sobre el terreno consideró que necesitaba la máxima potencia. Hubiera dado las llaves de casa a cambio de un alivio.

El matrón, un hombre latinoamericano con un pelo de excelente calidad, color negro brillante, y una actitud muy resuelta, revoloteaba alrededor e introducía con frecuencia la mano en la entrepierna de Liliana para comprobar la dilatación. Esa naturalidad para tocar las partes íntimas me resultaba llamativa, pero era comprensible en una persona cuyo material de trabajo diario era el aparato reproductor femenino. Ronald sabía lo que hacía y daba instrucciones con la energía y la seguridad de un monitor de aerobic. En un momento dado se preocupó por nuestras ocupaciones.

—Así que ustedes son periodistas, ¿no? No serán ustedes periodistas de guerra… Esos son los que merecen la pena —dijo algo burlón.

—Pues sí —dije yo.

Ronald me miró sorprendido y con cierta admiración. Cuando luego le confesé que en realidad yo era periodista cultural, un periodista blandengue, ya Ronald se quedó más tranquilo, por haber acertado en su broma. Lo que no sabía es que el periodismo cultural tiene también riesgos, como el periodismo de guerra: en una ocasión me comí un canapé en una inauguración de una exposición de arte contemporáneo, me provocó una tremenda gastroenteritis y me tuvo postrado una semana en la cama, con gran riesgo para mi salud.

Ya era tarde y bajaron la intensidad de la luz: ahora la habitación parecía un discopub, y no solo por la penumbra, sino por los ruidos y luces de las máquinas que monitorizaban a Liliana. Me dispuse a dormir en la butaca adoptando todas las posturas compatibles, ninguna de ellas satisfactoria, tratando de encontrar una forma de aposentar la cabeza, como cuando uno trata de dormir en un tren y no tiene ilusión por su destino. Con frecuencia, y no solo en este tipo de contextos, tener cabeza se me hacía bastante incómodo, pero cortármela me parecía una solución demasiado radical, así que tenía que cargar con ella, como quien carga con el casco de la moto y no sabe dónde ponerlo. En mi tercer o cuarto sueño sucedió algo escalofriante, pero resulta que ocurría en la realidad y no en las ficciones surreales. Las máquinas que monitorizaban a la pequeña Candela empezaron a hacer unos sonidos incomprensibles, al menos incomprensibles para nosotros, a mucho volumen, como un pitido recurrente y regular de alarma, como si dentro de Liliana se hubiera desatado un incendio, como si Candela estuviera envuelta en llamas. Despiertos de repente y desorientados, nos mirábamos el uno al otro, y a las máquinas, y no sabíamos qué demonios estaba pasando.

—¿Qué?

Enseguida, antes de que me diera tiempo a salir a pedir ayuda, entraron en tromba tres matronas, como un ejército bien coordinado, y se pusieron a hacer cosas que no entendía-

mos y a decirse cosas entre sí que tampoco. En ese momento
sentí sobre mis hombros (lo sentí literalmente, como un peso
físico sobre las clavículas) esa nueva vulnerabilidad que nos
traía Candela: todavía no había nacido, todavía vivía refugiada de las inclemencias del mundo, pero ya era capaz de tras-
tornar el resto de nuestras vidas si, por ejemplo, en aquel momento de tensión, de conversaciones rápidas y de maquinaria
desconocida, le pasaba algo malo y la perdíamos para siempre.
Las sanitarias nos explicaron, atareadas, que a Candela le estaban bajando las pulsaciones. Mientras yo miraba el rostro
confuso de Liliana, esa mezcla de desconcierto, sueño y epidural, allí tumbada en la cama como una reina antigua, la
situación se fue relajando, como si el avión que caía en picado
hubiera enderezado el vuelo poco a poco y empezase a transitar plácidamente a velocidad de crucero y a la altura correcta.

—Nada, cosas normales, ya está controlado —nos dijeron
las matronas y se fueron dejando otra vez las luces bajas para
que siguiéramos durmiendo.

No logro recordarlo bien. Recuerdo, eso sí, que el paritorio
era una sala muy amplia. Las cosas eran metálicas y los colores fríos. Me recordaba a la cocina industrial del colegio, donde todo era metalizado, aquellas enormes ollas donde cocían
toneladas de lentejas, las grandes campanas extractoras, las
largas mesas donde se preparaban los san jacobos como quien
tira el tarot para escrutar el futuro. El orden de las cosas parecía ilógico, como si en la sanidad pública no dispusiesen
de un experto en feng shui para colocar los elementos de la
forma en la que mejor podrían fluir las energías. La silla

donde se iba a obrar el milagro no ocupaba un lugar central, sino más bien ladeado: yo pensaba que un parto tenía que ocupar el justo centro del escenario, alumbrado por una potente luz cenital. Nacíamos en lugares raros.

Nos habían llevado al mediodía siguiente, después de una mañana de pruebas y esperas, mensajes a amigos y familiares, en los que decíamos que ya quedaba poco, que cada vez quedaba menos. Alguien miró el reloj, consultó sus notas y pensó que ya era el momento. Alguien decidió que Candela iba a nacer. No sé si empujaron la cama de Liliana o la colocaron en una silla de ruedas, es todo muy confuso, yo fui caminando detrás de la comitiva sumido en esa insignificancia de los padres en los partos, con esa insistente sensación de irrealidad.

En el paritorio había bastante gente, lo que no presagiaba una ceremonia demasiado íntima. Durante algunos momentos del embarazo, durante los cursos de introducción al parto, esto había preocupado a Liliana: no le resultaba agradable la idea de abrir sus piernas y dar a luz delante de un aforo demasiado grande. Pero llegado el momento ya no le daba importancia. Se presentaban otras prioridades: los dolores, los nervios, los efectos de la química, la inminente llegada de la niña, el miedo. Ahora se respiraba cierto ambiente de expectativa y acontecimiento, y a todas aquellas personas, que apenas conocíamos, nos unía un sentimiento de equipo, la sensación de que juntas íbamos a lograr algo grande. Liliana diría después que sintió que tuvo un parto muy respetado. Las ginecólogas, las matronas, los médicos residentes, los auxiliares, tal vez una trabajadora de la limpieza. Y en mitad de todos ellos Liliana y su cuerpo, los grandes protagonistas de la función a la espera de la rutilante estrella invitada, la chica que iba a salir de la tarta.

Me sugirieron que me pusiera a un lado y que animase a Liliana mientras la agarraba de la mano. Comenzó el proceso. Los ritmos. Los soplidos. Todo el equipo estaba mirando al punto donde sucedía la acción. Todos jaleaban a Liliana en sus pujos, A mí me daba algo de vergüenza, aunque a veces susurraba, sin demasiado fuerza venga, empuja, ánimo, cosas de esas. Liliana tomaba aire y expulsaba aire, abría mucho los ojos o los ponía en blanco. Gritaba fuera de sí. Candela no salía. Y no salía. Y no salía. Así que a Liliana le iban cambiando de postura, de forma que el esfuerzo fuera más liviano y efectivo, y el camino de salida de la niña menos accidentado. Según se sucedían los intentos yo me iba preocupando por si algo malo pasaba, por si Candela no iba a salir nunca, o por si iba a tardar horas o días, pero, como hago cuando siento el miedo en el avión, miraba a los rostros de los profesionales, intentaba seguir sus conversaciones y entendía que todo iba más o menos según lo previsto.

Después de mucho empujar y de mucha postura gimnástica me dijeron que me colocara en otro lugar, que se moviera ese jarrón chino que ni siquiera animaba con la suficiente fuerza, y que se colocara delante, donde podría observar la llegada de su hija. En efecto, allí comenzó a aparecer una masa húmeda y oscura: era la cabeza de Candela. Fue la primera vez que vi a Candela, y me sorprendió que su cráneo no fuera esférico y consistente sino más bien una bola desencajada, móvil, inestable, que intentaba asomarse al exterior. Parecía un roedor que se escondía. Ahí se encalló un buen rato, en el que las ginecólogas siguieron dando instrucciones, en el que a Liliana se le pedían los últimos esfuerzos, y Liliana los daba. Entonces apareció la cabeza entera, y en un par de segundos, como por arte de magia, apareció el resto del cuerpo que se deslizó de manera muy fluida, como si lo que saliera fuera el cuerpo brillante de un salmón.

Candela empezó a decir su llanto y estalló un tímido júbilo cotidiano. Los sanitarios felicitaban a Liliana y se felicitaban entre sí. No parecía que hicieran eso a diario, como un trabajo rutinario, y por eso era hermoso. Colocaron a la niña sobre el pecho de su madre, piel con piel, cuerpo con cuerpo, y yo volví a colocarme al lado de ambas para presenciar la conexión más fuerte que se da en la naturaleza, más fuerte que la roca madre de la Tierra, más fuerte que la fuerza nuclear fuerte, más fuerte que las fuerzas que guían la expansión del universo. Liliana estaba fuera de sí, estaba y no estaba al mismo tiempo, era al mismo tiempo ella y las demás, todas las madres del planeta, la humanidad entera, plena de la felicidad más plena, abrazando a aquel bichito, alienígena, comadreja con la mirada nublada, viéndolo sin verlo, como si lo percibiera más con el alma que con los otros sentidos del cuerpo. Te quiero, le decía, y yo no sé lo que decía, no sé lo que sentía, no sabía lo que tenía que sentir. No sentí ese flechazo tan dramático que me había relatado, tan grande y tan nítido, todo era más bien borroso y cósmico y orgánico, y Candela empezaba a abrir los ojos como un animal que acababa de llegar del otro mundo y que era inundado por la luz.

Nuestra hija había nacido. Se había encendido ese fuego.

Crecer

Candela nació con dedos de quisquilla, piel de piesco, ojos felinos, un laberinto en la oreja, uñas de maestro flamenco, pequeños ronquidos de extraterrestre y las piernas más largas que su padre, y ya es decir. Nació a mediodía, un 18 de agosto, en el hospital 12 de Octubre, en el distrito de Usera: Candela de Usera.

Fue muy raro que nuestra hija apareciera en el mundo. Las ecografías me habían parecido imágenes del espacio interestelar, tomadas con el telescopio espacial James Webb desde el segundo punto de Lagrange, de modo que creía que Candela no estaba en realidad dentro de Liliana, sino en otro planeta del que nunca iba a acabar de llegar. Vivía en el espacio abstracto de la mente, esa nube donde pululan los sistemas filosóficos, los dolores del pasado, los deseos más inconfesables, todo aquello que esperamos del futuro.

Ya estaba aquí, transmutada en átomos, ardiendo: lo demostraban sus primeros llantos o la respiración tenue al dormir, actividad a la que dedicaba la mayor parte del tiempo. Era inverosímil que una persona creciese con sus pequeños dedos y su ajetreado corazón dentro de otra, como si los humanos fuéramos muñecos plegables. Me parecía una creencia absurda que nos imponía subrepticiamente una conspiración longeva y mundial, como la que nos quería hacer creer que la Tierra era redonda. Pero había comprobado con mis propios ojos, en el populoso paritorio, que no estaba en lo cierto.

Candela estaba ahí dentro, lo había estado todo el tiempo, cuando, días antes, habíamos ido a hacer la compra al Alcampo de Pío XII o aquella tarde en la que paseamos por La Guindalera y comimos croquetas. O unas cuantas decenas de días anodinos durante la gestación que ya no recordaremos. Aquellos días en los que Candela parecía solo una idea, Candela ya tenía una existencia física dentro de Liliana. Liliana había comido muchas croquetas, muchas pizzas, muchas ensaladas, muchas burgers, y filetes de pollo y nectarinas y paraguayos, los inevitables yogures con todo tipo de frutos secos y unos antojos muy raros, como espárragos blancos envueltos en jamón cocido y melocotones en almíbar, que Liliana identificaba como apetencias propias de señoras mayores. Todo eso que había comido lo había transformado en Candela. Quizá por eso Candela era tan comestible.

Ya con una mínima Candela neonata entre los brazos nos alojaron en una luminosa habitación de las plantas altas del hospital, con vistas espectaculares al norte de Madrid, con su *skyline* disperso y deficiente, y un cielo tan azul que dolía, cruzado solamente por algunas de esas líneas blancas y vaporosas que dejan los aviones.

—Pariría todas las semanas —diría después Liliana—, esa sensación final es droga.

Recordaría ese momento como un instante de plenitud. La sensación más bonita y arrolladora que había tenido nunca. Y también recordaría, entre risas, cómo, al finalizar el parto, en su estado alterado de conciencia, se puso a agradecer a los presentes, como si en vez de parir hubiera ganado un Oscar.

—Chicas, muchas gracias, sin vosotras esto nunca hubiera sido imposible.

Liliana repitió sus agradecimientos, entre lágrimas, alrededor de media docena de veces.

Ahora por la habitación empezaba a desfilar una nutrida cuadrilla con bata, con pijama y con zuecos, a visitar a Candela, a medir todo tipo de constantes, a hacerle una pequeña punción en el talón y de esa gotita de sangre deducir si tenía alguna enfermedad preocupante, a cambiarle los pañales por primera vez (y, de paso, a enseñarnos a hacerlo). Allí presencié atónito el instinto de succión de Candela, ese conocimiento que traía de serie y que le impelía a acoplarse al pezón de Liliana, y allí presencié cómo, por primera vez, se apropiaba de ese pezón que sería su hogar, su paz, su conexión más íntima en los meses por venir. Las habitaciones de hospital suelen recordarse como frías y tristes, pero esta no la recordaba así: traer a una niña a la vida es muy diferente a padecer una enfermedad grave, someterse a una intervención quirúrgica o morir. Una habitación era aquella en la que mi madre pasó sus últimos días en cuidados paliativos. Otra, aquella en la que Candela comenzó a vivir.

Esa gente que pasaba por la habitación con regularidad pasaba como si Candela fuera la Reina de Inglaterra, a rendir pleitesía al nuevo ser y a preocuparse por su frágil supervivencia. Ya no sabíamos si eran médicas, enfermeros, celadoras o auxiliares, no nos importaba demasiado quién era quién ni cuál era su función en esa coreografía sanitaria. Todas eran simpáticas, nos fiábamos de todas, estábamos instalados en el agradecimiento. No hubiéramos advertido a alguien de incógnito, un espía ruso, un agente inmobiliario.

—Ahora si pasan y nos roban a la niña igual no nos enteramos —bromeaba Liliana.

Vivimos ahí un par de días que recuerdo como felices, mirando a Candela con asombro, dándole los primeros mimos, enviando fotos a la gente. Dando la buena nueva. De noche llamábamos al timbre de la enfermera, que acudía paciente y solícita, para resolver dudas o preocupaciones intempestivas, fruto de la inexperiencia de los padres novatos. Candela parecía un pequeño animal húmedo, aun cuando estaba seca, lucía arrugada, tenía los ojos grandes como un alienígena y miraba alrededor con una mezcla de curiosidad voraz y pereza infinita. Todavía estaba sopesando su cambio de entorno, si le rentaba más flotar dentro del vientre de su madre o estar en aquel lugar foráneo donde la gente venía a verla, le hacía cosas y emitía sonidos incomprensibles.

Ahora nada flotaba y todo sonaba nítido: la luz llenaba el espacio y no se escuchaba un corazón a todas horas. Lloramos de la emoción al verla tan desvalida en nuestro regazo, tenía miedo de cogerla, de que se me cayese al suelo, de que se me partiese en dos, después de todo lo que la habíamos esperado. La cogía como si fuera una bomba nuclear. Era muy frágil. Le pusimos su primera canción, una tonada tradicional asturiana que grabé cuando acompañé al artista Rodrigo Cuevas a visitar a Gelita del Cabanón, una señora que cantaba en un pueblo perdido de las montañas de la cuenca minera y que poco después murió. Nos ponía el vello de punta escuchar aquella melodía, *Molinera*, en presencia de Candela, porque era un canto antiguo que parecía provenir de las profundidades de la tierra. Aquello, Candela, era la música.

A Liliana le ofrecían almuerzo y cena de hospital, unos platos que, a mi juicio y contra el mito extendido, no estaban nada mal y cuyas sobras finiquitaba yo mismo, lo que no evitaba que tuviese que bajar a comprar bocatas al bar del barrio de al lado, por donde la Avenida de los Poblados, lleno también de franquicias de pollo frito y suculentas hamburguesas, como suelen proliferar en los barrios obreros. Un amigo, antes alumno de un curso de escritura, me había contado que al nacer su hijo había encargado comida tailandesa y que toda la planta había acabado oliendo a soja o a glutamato monosódico o a lo que sea que da ese olor intenso y delicioso a los platos de esas latitudes. A los vecinos de habitación no les había parecido tan suculento, así que en mi caso preferí abstenerme de los aromas orientales. También bajaba a hacer otro tipo de recados. Por ejemplo, ir a buscar a casa una colchoneta inflable que mi primo me había recomendado para pasar ese par de noches con algo de confort y que, desde entonces, yo recomendaba a todos los padres que me sucedían en la tarea de perpetuar la especie. No era lo mismo emprender la paternidad durmiendo blando y horizontal que dormitando en una de esas butacas supuestamente cómodas, diseñadas para transitar las noches, pero impracticables para el reposo adecuado.

Me hubiera quedado más tiempo en ese intersticio vital, pero a los dos días, tal y como estaba estipulado, teníamos que dejar la habitación. Cogimos a Candela, la deliciosa y neonata Candela, y la montamos en un taxi camino de nuestro barrio, que ahora era su barrio. Comenzaba una etapa en la que Candela no vivía dentro de un hospital, rodeada de profesionales preocupados por su bienestar, sino que habitaba en el mundo real, es decir, el mundo de los taxis. Su supervivencia ya dependía solamente de nosotros. Mirando a Candela en la silla especial en el asiento de atrás me preguntaba qué pensaría de ese nuevo mundo que se iba desplegando a su alrededor, aunque probablemente todavía no pensaba demasiado. Solo estaba ahí, siendo.

Al llegar a casa no encontramos un océano de parquet en calma, los muebles dormidos, los libros temblando levemente, una expectación sorda de todo el espacio que iba a conocer a su nueva habitante. Entramos. Todo me parecía diferente como si a la realidad le hubieran pasado un filtro saturado. Me sentía forastero, como si estuviese viviendo una vida que no era la mía. Yo ya no era yo. Miraba a Liliana y Candela como si, más que mi familia (nunca me había gustado esa palabra), fuera una familia ajena que veía en una película alemana de sobremesa. Habíamos salido siendo dos, los que volvíamos éramos tres. Algo grave había pasado.

No fue una llegada apoteósica, o triunfal, o simplemente feliz, no hubo clarines ni confeti, más bien fue una llegada torpe e incierta. ¿Y ahora qué? No recuerdo qué hicimos nada más llegar, probablemente dejamos los bártulos en cualquier sitio y nos sentamos a mirar a la niña como si hubiera llegado una refugiada de otra dimensión. Sí recuerdo aquellos

primeros días como grises, raros, sí recuerdo las dudas sobre
cuánto y cómo tenía la niña que dormir y mamar, sí recuerdo a Liliana en el sofá marrón con el bebé en su regazo, en
bragas, llena de inseguridad, miedo y amor. Aquellos días se
me olvidaba que era padre y cuando entraba en la habitación
veía a Liliana durmiendo, como siempre, para luego descubrir
un diminuto cuerpo yaciendo a su lado, en una postura pa-
recida, vestido solo con un pañal que le quedaba enorme.
Sacaba una foto con el móvil, que salía granulada por la
semioscuridad, y me asombraba que aquel ser nos fuera a
acompañar para siempre.

Sacábamos a pasear a la niña a diario en un carro prestado
de gran capacidad y resistencia que, según nos decían, era de
marca prémium. De pronto, la ciudad, que en su decadencia
eterna me había parecido tan romántica (yo había venido
a la gran ciudad desde la impoluta ciudad de provincias, veinte
años antes, buscando la mugre urbana y vital) se había tras-
mutado en un entorno hostil. Comparado con la pureza e
higiene de Candela, con esa inmaculada santidad neonata, el
muy castizo y multicultural barrio de Lavapiés me parecía uno
de los siete círculos del infierno. Ahí seguía la salida del metro,
donde la gente solía citarse para ir a tomar cerveza a una terraza, el populoso supermercado Carrefour, de los primeros
en abrir veinticuatro horas y evidenciar así nuestro ajetreado
modo de vida, el mascarón de proa del Centro Dramático
Nacional, como un buque que hubiese naufragado antes de
arribar a la plaza de Lavapiés. Todo era igual, pero todo era
ya diferente, desacompasado de la vida que comenzaba.

Me sorprendía presenciar un acto tan biológico como la
lactancia en un ambiente tan mecánico, hecho de humo,

cemento, acero y gente fea. Antes de salir del edificio ya me encontraba tres escalones insalvables para el carricoche y una puerta por la que apenas cabía. No tenía carné de conducir coches y acababa de empezar las prácticas con aquella máquina, de modo que el trayecto callejero discurría errático aquellos primeros días. ¿Qué pensaría Candela al ir dormida en el carro y despertarse cada vez en un lugar diferente? Ahora en casa, ahora en el parque, ahora en el supermercado. Cada vez que abría los ojos después del sueño, el mundo había cambiado mágicamente a su alrededor. Más extraño aún era que, allí tumbada, Candela veía solo la parte de arriba del mundo: las ramas de los árboles, las luces fluorescentes del ascensor, las lámparas de los restaurantes, las formas de las nubes, todo aquel mundo superior que se le iba mostrando como el *scroll* de una red social. En los prolegómenos del 12 de octubre, cuando se produce el desfile de las Fuerzas Armadas, Candela pudo ver cómo cruzaban el cielo los aviones militares. A mí aquel estruendo, recién padre, me recordó a los bombardeos de la Guerra Civil, cuando Franco asedió Madrid, y me hizo pensar en cómo sería vivir, sobre todo para los niños, un bombardeo. Escribí una columna y miles de trols de ultraderecha en Twitter me pusieron a caldo porque no podía «acordarme» de la Guerra Civil: no había nacido. Ese era el nivel de estricta literalidad de las redes. En nuestros periplos por el mundo analógico, con el carricoche, algunas aceras eran tan estrechas que los bolardos no permitían el paso, había coches, cuestas, gente sufriendo por los suelos y esos pequeños vertederos que al ayuntamiento le gustaba mantener en sus calles céntricas, tal vez para darle a la ciudad ese aspecto sucio y cosmopolita de otras grandes capitales injustas. Ya me lo habían dicho: la ciudad no estaba hecha para la crianza, para los cuidados, para los niños. Ahora llevaba a cabo una rutinaria comprobación de lo que me habían advertido.

Una de las personas que me lo había advertido era la arquitecta Izaskun Chinchilla, a la que había entrevistado a cuento de su obra, donde teorizaba sobre «la ciudad de los cuidados». La ciudad contemporánea no estaba pensada para la reproducción sino para la producción, ponía facilidades para el negocio y el ocio, pero pocas veces para cuidar a los niños, a los enfermos, a los ancianos. Los coches acaparaban la urbe, los camiones de reparto se infiltraban por las calles peatonales, las terrazas ocupaban un porcentaje desmedido del espacio público y era poco el reservado para los que necesitaban atenciones. Las aceras eran difíciles, predominaba el gris del asfalto y no el verde de los parques, la suciedad florecía por doquier, faltaba la sombra, los bancos para descansar, las fuentes donde beber o refrescarse. Y aunque estos elementos existiesen, observaba yo, eran poco utilizados por la ciudadanía, ya acostumbrada a la urbe como un lugar de mero tránsito, entre la casa y el trabajo, entre el supermercado y la juerga, entre los recados y la actividad cultural: un maremagno frenético en el que era difícil encajar la vida en sus elementos más básicos.

Candela me parecía tan pulcra y preciosa, hecha toda de algodón, que la realidad urbana circundante, en comparación, me resultaba odiosa. Mi hija era de mazapán y talco; delante de casa, en cambio, se amontonaban las basuras semiderretidas sobre los contenedores municipales. Uno de aquellos días un señor anónimo defecó a la luz del día entre dos coches, lo vio la madre por la ventana, con el bebé en brazos y mientras esperaba la visita de la familia. Cuando quería dar de mamar en la calle tenía que buscar algún lugar donde no alcanzara el olor a pis veraniego. Poco antes de nacer Candela yo escribía columnas desde el balcón al ver cómo, allá abajo, chavales sin futuro se dedicaban a esnifar pegamento. Una bolsa blanca de plástico que se hinchaba y deshinchaba, hipnótica como una estrella variable, llenando toda la calle de un fuerte olor a química.

No es que desease mudarme a una urbanización apacible y platónica: quería que mi hija conociera el mundo tal y como era, en toda su asquerosa hermosura. Nos preguntaban: «¿Vais a seguir viviendo en Lavapiés?». Y decíamos que sí, yo más convencido que Liliana, porque creía importante que Candela no creciese en una burbuja y viese que el mundo era múltiple y diverso, para bien y para mal. Me habían hablado de algunos colegios privados, llenos de lujos campestres, deportivos y tecnológicos, y avanzadas técnicas pedagógicas, en los lejanos barrios de las élites, en los que los niños se educaban en el desconocimiento del mundo y de cualquier persona que no fuera idéntica. Por eso luego, con frecuencia, se convertían en adultos carentes de conciencia social. Yo había asistido a un colegio parecido. Y porque, por debajo de los problemas del barrio, la gentrificación, la turistificación, los desahucios, la pobreza, las víctimas de las drogas más tristes, había un tejido vecinal concienciado y un colectivo de madres y padres empeñados en hacer de aquel lugar un sitio más habitable.

—No podemos vender nuestra piel tan barata —me decía siempre un vecino.

Ya padres, sufrimos nuevos agobios geopolíticos. Rusia invadía Ucrania y comenzaba una nueva guerra en los bordes de Europa, regresaba el fantasma de la bomba atómica y asomaban las nubes negras de nuevas crisis económicas. Mientras miraba las imágenes de los bombardeos, mientras veía en el programa de Ferreras una y otra vez el rostro duro del ministro de exteriores ruso amenazando con una guerra nuclear (con una parsimonia desconcertante), agarraba muy fuerte a la bebé, de pie en mitad del salón y me arrepentía de haberla arrastrado a un lugar tan sórdido. Me sentía culpable por traer a esta persona, tan pequeña e inocente, notablemente blandita, a una civilización, por calificarla de alguna manera, que parecía estar siempre a punto de colapsar. Fue la última guerra que vio mi madre, que desde la cama lanzaba improperios contra Vladímir Putin.

Como padre primerizo, yo estaba engorilado y alzaba el puño al cielo y prometía ir hasta el ayuntamiento y coger a nuestros gobernantes por la pechera y zarandearles antidemocráticamente hasta que arreglasen todas aquellas calles para mi niña. Luego subía a casa y le miraba la cara a Candela y se me olvidaba mi misión municipal. Eso sí, le decía a la cría:

—Te voy a dedicar la primera columna de la temporada, y se van a enterar en Moscú.

Mi hija, aún me extrañaba decirlo, me miraba de forma enigmática y displicente, como si mirara una mosca, y generaba sonidos incomprensibles, como si no se enterase de nada.

—¿De qué tamaño quieres la col? —preguntó Emilio, el frutero.

—Del tamaño de los pechos de mi mujer —respondí yo.

La lactancia se desplegaba ante mí como un mecanismo prodigioso. Las mamíferas, como Liliana, producían leche y alimentaban a sus crías. Yo esto ya lo sabía, o creía que lo sabía, pero no era lo mismo saberlo que presenciarlo. Me seguía sorprendiendo el instinto de succión que traemos de serie: nada más nacer Candela se puso a buscar el pezón de su madre para tomarse su primer refrigerio. Cada vez le iba cogiendo más gusto; tal vez la leche tenía un gusto adquirido, como la cerveza. Algunas tardes, con ese instrumento cíborg que era el sacaleches, Liliana se extraía el preciado líquido y lo guardábamos en unos tarritos muy monos que yo había ido a comprar al bazar de la Ronda de Atocha. Así que en la nevera teníamos algunas birras para los invitados y los tarritos de leche para los chupitos lácteos de Candela. A veces le dábamos dosis de leche con una jeringuilla porque Candela eran tan pequeña que teníamos miedo de que no se estuviese alimentando bien y no creciese.

—¿Por qué no serán las tetas transparentes? —se preguntaba Liliana—, así sabría cuánta leche tengo y cuánta está tomando la niña.

La lactancia tenía sus complejidades. Era preciso estar siempre atentos a la apetencia de la bebé, el servicio era *on demand*, como en una plataforma audiovisual, abierto 24/7. Yo le decía a Liliana que era Netflix, o un McMami, o una gasolinera en la que la Candela repostaba a lo largo del día y de la noche. Liliana sentía un cansancio constante, dolores cuando la pequeña mordía y continuas preocupaciones fugaces. Renovamos la alfombrilla de la bañera porque su miedo a accidentarse había crecido exponencialmente en los cuatro de días de vida de Candela. Todo parecía amenazante, y ahora la niña dependía totalmente de su madre. Quizá el mayor peso, más allá de las implicaciones físicas, era el mental: la responsabilidad total sobre la vida de una persona. La obligación de estar siempre disponible. Y no se trataba de un día o dos, sino de una horquilla de tiempo por el momento indefinida. Pesaba la idea de haberse convertido en comida, como una máquina de vending. Era mágico aquel hecho biológico y no solo en el mero aspecto nutricional, sino el vínculo afectivo que se estaba formando entre aquellas dos personas que vivían conmigo.

Aunque más que a dos personas, cuando veía a Candela mamando de Liliana, veía un fenómeno fundamental de la naturaleza, como la rotación de las galaxias, la glucólisis anaerobia o el Segundo Principio de la Termodinámica. La lactancia era la estructura más interna y decisiva del mantenimiento de la especie a través de los milenios. Si hubiera que despojar a la humanidad de todo lo accesorio y dejar solo el fundamento, probablemente lo que quedase sería esto. La lactancia. Eso pensaba yo. Veía a Liliana hermosa y esencial como una diosa de la fertilidad, e imaginaba la estampa de Candela y Liliana esculpida en mármol blanco con el detalle y la delicadeza de Praxíteles.

Liliana era una mamá demasiado humana, el instinto maternal se encarnaba en ella con una fuerza similar a la que mantiene unidos los núcleos atómicos y se libera en violentas reacciones nucleares, las que hacen brillar al Sol. Liliana siempre con un ojo abierto y el abrazo a mano y la teta presta y a los labios asomando una canción que calma. Su pezón era el centro de un universo, el universo de Candela, ese pequeño simio que se nos parecía, ese animal hecho de mimos y popotis, que no se podía separar apenas de su madre, como un órgano más, como una prolongación de su existencia.

¿Y qué pintaba un señor en aquel portento? Mi participación directa se me antojaba completamente accesoria: Liliana se lo guisaba y Candela se lo comía. Yo no podía más que mirar y admirar. De forma indirecta, aunque no intranscendente, podía y debía ofrecer el apoyo logístico y emocional que la tarea requería. Coger en brazos a la niña, ir adquiriendo poco a poco la pericia necesaria en el cambio de los pañales, bajar a la calle a hacer los recados necesarios, preparar cenas, cantar canciones y consolar cuando llegaba el desánimo como un tsunami.

Aun comprendiendo mi parte de la misión, volvía a tener aquella sensación de jarrón chino. Tenía que aprender dónde colocarme para adornar sin ser un estorbo con el que alguien se tropieza y tira al suelo. Los padres éramos tan intercambiables, había leído en algunos libros, que en algunas sociedades matriarcales, donde la propiedad y la descendencia seguían la línea materna, no se conocía quién era el progenitor de las criaturas, porque tampoco se conocían los entresijos de la reproducción sexual. Los que hacían el papel de padre, fuese ese papel el que fuese, eran los hermanos de las madres. Según algunas teorías, siempre tan borrosas en este campo del conocimiento, el patriarcado se había fundado precisamente cuando los hombres descubrieron que tenían algo que ver en la concepción de las criaturas, que el sexo estaba vinculado a la procreación. En este sentido, llegué a desarrollar unas teorías antropológicas muy raras, sin ningún rigor o verosimilitud: imaginaba que los señores habíamos construido el patriarcado opresor, en una fecha tan lejana que no se reflejaba en las crónicas, debido a ese sentimiento de subalternidad. Si no éramos importantes en aquel proceso fundamental tendríamos que serlo de alguna otra manera. Quizá subyugando a las mujeres, imponiéndoles nuestro dominio durante eones, para que no se notase lo inútil.

Yo era un actor secundario en aquel drama cósmico, pero al menos podía intentar ganar el Oscar al mejor actor de reparto. A mí lo que me apetecía era dejar la cueva como un héroe al amanecer, surcar la sabana y cazar una gacela con mis propias manos para dar su carne a mi familia como alimento. La situación sociohistórica no lo permitía. Pero como el mundo que habíamos fabricado era tan artificial y electrónico, lo más parecido que se me ocurría era ir a Frutas y Verduras Emilio, en el mercado de Antón Martín, a comprar una col para que Liliana se aliviara con las hojas congeladas sobre los pechos, tal y como habíamos visto en algunas páginas de internet.

Con el correr de las semanas tuvimos la impresión de que la pequeña Candela empezaba a ver el mundo, a seguir las luces, a reconocer nuestros ojos, a sonreír por un motivo comprensible: una caricia, una pedorreta, un juego de manos. Eso nos llenaba de fulgor. Había alguien ahí, y ese alguien sabía que estaba con nosotros.

Cuando Candela me miraba deseaba con todas mis fuerzas que le gustara mi cara. Se parecía mucho a mí, iba diciendo la gente. Otra gente decía que era normal que los bebés se parecieran más a sus padres que a sus madres, como si se tratase de una estrategia biológica para que los padres reconocieran a los bebés cuando, en épocas pretéritas, no había pruebas genéticas de paternidad. Como Candela no había salido de mi útero, como yo no tenía útero, no disponía de evidencia directa de que esa criatura fuera sangre de mi sangre y gen de mi gen. No habían sido raros los repudios. Pero su parecido conmigo y mi familia, lo que yo veía como un rostro surgido de las profundidades de la cuenca minera asturiana, concretamente del concejo de Aller, parecía ser la prueba irrefutable de que Candela era mi hija. Me la imaginaba cuidando a las vacas en una ladera verde y empinada, bajando luego a casa para preparar una fabada, cuidando de la huerta, en madreñas. Cosas que, por lo demás, yo nunca había vivido. A veces pensaba que quizá me esforzaba en verle un parecido inexistente, igual que se esfuerza el que ve un dragón en una nube. Pero si Candela se parecía a mí, tenía que estar hecha de mí.

La niña era bastante tranquila, cosa que nos facilitaba la tarea, aunque algunas veces lloraba desconsoladamente sin que llegáramos a entender el motivo, si es que lo había. Su cabeza, que normalmente era como una cebolla que cabía en la palma de la mano y ofrecía mucha paz, se volvía oblonga y roja, y generaba unos sonidos que, más que un llanto humano, parecían una frecuencia alienígena. Al principio sentíamos una angustia desesperante, pero más tarde comprendimos que los niños lloran por naturaleza, por pequeñas

razones que no son tan trágicas, porque esa es su única forma de llegar a nosotros. Los bebes son seres completamente
emocionales, su mente racional todavía es ínfima y durante
el crecimiento irá copando cada vez más espacio, pero aún
estábamos en la prehistoria de la racionalidad de Candela.
Quizá por eso muchas veces se tranquilizaba con la rima «no
es vida de rico / pero se pasa bien rico», del músico colom-
biano Camilo, que llegó a sus oídos de forma casual y de la
que no pudimos librarnos en una larga temporada. Tampoco hacía ascos para tranquilizase a la campana extractora de
la cocina como forma de ruido blanco, allí la colocábamos
como un pollo asado bajo la luz amarilla, otros usan para
tal menester el sonido pacificador de un secador de pelo. Los
bebés experimentan muchas emociones, pero tienen pocas
vías para expresarlas: son como un músico novato tratando
de interpretar una partitura compleja. Tratábamos de averi-
guar qué necesitaba Candela, qué decía aquella partitura
escondida, o de calmarla si simplemente sentía nervios, porque la vida es muy dura, eso ya lo iba comprobando. Los
nervios frecuentes le venían a la pobre de la genética here-
dada, tanto materna como paterna, tan afín a la benzodiace-
pina cotidiana.

Candela, pensaba yo mirando las luces halógenas del techo del salón, no sabía nada. Su ignorancia era cósmica. No
sabía lo que era el neoliberalismo, ni el amor, ni la poesía de
la escuela de Nueva York. No sabía una pizca de política
internacional, ni el nombre de los árboles, ni cómo se siente
uno cuando le rompen el corazón. No sabía el nombre de
ningún presidente del gobierno de la democracia, ni la mejor
receta para la salsa de tomate, ni cómo cambiar una rueda.

Ni siquiera sabía que existía. No tenía un yo. Y pensando en aquello, pensando en aquella ignorancia infinita, sentía el peso de la responsabilidad que conllevaba tener que enseñarle muchas de aquellas cosas, y de hacerlo de manera justa y honesta.

La ignorancia de la pequeña Candela era tan vasta que, cuando en ese desierto encontraba una roca de conocimiento innato, me resultaba impresionante. Por ejemplo, cuando al poco de debutar en la vida, el bebé comadreja ya mostraba su instinto de succión. Al mismo tiempo, me daba cuenta de que, en realidad, los bebés sabían cosas que nosotros no sabemos, pero les costaba expresarlas. Según las investigaciones, los bebés no son tabulas rasas, sino que nacen con una cierta estructura de conocimiento, sobre todo en lo referente a lo gramatical, como propuso Noam Chomsky: los niños poseen una estructura innata del lenguaje, lo que les permite aprender a hablar con cierta facilidad. Pero no solo. Yo iba más allá: creía que los bebés poseían unos conocimientos vastos del mundo porque estaban en conexión con la sabiduría cósmica, como piensan, ingenuamente, los teósofos y los esotéricos. Un almacén de saber universal donde, aparentemente, se concentra todo el conocimiento del universo. Como internet, pero en plan sobrenatural.

Los pequeños sabían, pensaba yo en un ataque de irracionalismo, cómo resolver todos los problemas que nos aquejaban: la subida de la factura de la luz, el deshielo polar, la vacuna de la malaria, el auge de la extrema derecha. Candela, por ejemplo, ya sabía cuándo iba a calmarse el volcán de la Palma, que estallaba por aquellas fechas y llenaba de lava la isla y los telediarios. Por eso cuando mirábamos las noticias Candela se ponía como una furia: por la frustración de no poder ilustrarnos con sus soluciones, con las acciones administrativas necesarias y las intervenciones sobre el terreno. Todo eso debía saber la pequeña Candela, pero no encontraba la manera de decírnoslo, ni de comunicarse con los técnicos del gobierno.

Luego en el desarrollo del niño, según mi teoría poco basada en la evidencia, ocurría algo aún más frustrante: cuando los bebés aprendían a hablar con claridad, perdían su conexión con ese conocimiento universal y no recordarían jamás nada de esos archivos. Quizá algún día perdido en su existencia tuviesen una fuerte intuición y acertasen 14 en la quiniela. Poco más. Quizá eso era lo que llamábamos los adultos «intuición»: recibir *flashes* puntuales de un vasto conocimiento anterior, como una pequeña anamnesis platónica. Los bebés, según esto, debían de estar muy disconformes con el desastroso manejo del mundo que hacíamos los adultos, y esa debía de ser una de las fuentes de su llanto. Solo quedaba una esperanza: esa etapa en la que el bebé chapurrea frases surrealistas, incomprensibles para nosotros, pero en las que aún permanecen algunas enseñanzas cósmicas que deberíamos interpretar al modo de los mensajes del oráculo de Delfos. Pocos estábamos en el secreto.

Durante los primeros tiempos, la crianza no parecía tan complicada. Candela permanecía inmóvil y dormía la mayor parte del tiempo. Yo tenía la sensación de que, finalmente, después de tantas advertencias y miedos, las complicaciones no iban a ser para tanto. En mi sempiterno optimismo, me iba dando cuenta de que nuestros susurradores habían exagerado. Candela era como una pieza de salchichón que íbamos desplazando a nuestro antojo, mostrándola orgullosos a la gente, preocupándonos por mantener sus constantes vitales, como si se tratase de un tamagotchi.

Liliana no era tan optimista.

—Ya verás como sí es para tanto.

Tenía razón. Mantener encendida aquella pequeña hoguera acabó siendo una tarea muy demandante. Con el paso del tiempo, el propio tiempo fue experimentando alucinantes metamorfosis. Las horas se fueron colmatando de tareas, sobre todo cuando finalizó mi baja parental y retomé el trabajo. Me preguntaba cómo íbamos a apañarnos para sacar adelante a Candela si antes de que naciera ya sufríamos un estrés galopante, si no dábamos para más, si no restaba un rato libre. Pronto comprobé que dentro del tiempo siempre caben más cosas, de igual manera que siempre cabe un plato más en un lavavajillas abarrotado. El tiempo, elástico y subjetivo, albergaba resquicios ocultos y extrañas dobleces.

La crianza, según el rato, comenzaba a resultarme opresiva. Se me hacía evidente cuando regresaba a casa después de una agotadora jornada y, en vez de tumbarme a descansar mirando el móvil u hojeando un libro, lo que nos esperaba era un montón de tareas de cuidado. Entretener a la niña, evitar que se cayera de la cama o que se llevara un objeto letal a la boca. Preparar una cena saludable y ofrecérsela. Limpiar el desaguisado que se producía durante la cena. Bañarla con suma delicadeza, tratando de no inundar los alrededores de la bañera plegable. Ponerle el pijama. Leerle el cuento previo al sueño. Conseguir que durmiera, esa tarea correosa que a Liliana le generaba tanto desánimo.

Yo me imaginaba, antes de ser padre, que las niñas, por pequeñas que fuesen, desarrollaban cierta independencia, que uno las dejaba a sus cosas, perdidas en su laberinto mental neonato, y se ponía a las cosas de mayores. Pero, según iba descubriendo, las pequeñas requerían un ojo constante. Las tareas de cuidados me resultaban placenteras, tiernas y divertidas; lo que no me resultaba placentero era tener que compaginarlas con el resto de los quehaceres laborales y sociales. Hacerlo todo a la vez. Sentir el peso de esa responsabilidad en forma de malabarismo vital. Quería disponer de horas para dedicarme al mimo que la pequeña merecía sin tener la sensación constante de que no llegaba a todo, y de que, si llegaba, lo hacía con la cabeza en otra parte, atacado por pensamientos planificadores de toda índole y un fondo constante de ansiedad. Eran tales las atenciones que requería el mantenimiento de la hoguerita que, ahora, lo que antes eran tareas no demasiado gratas, puramente utilitarias pero no deseadas, se habían convertido en un remanso de paz. Suponía un descanso ponerse un pódcast en los auriculares y salir a la calle para hacer algún recado, buscar algún medicamento en la farmacia, hacer la compra en el mercado de Antón Martín o, más probablemente, en el Carrefour de enfrente, que quedaba más a mano. Pasear por los pasillos llenos de productos escuchando alguna charla sobre la actualidad se había convertido en mi principal actividad de ocio, era ese momento en el que, entre calabacines, lonchas de queso y yogures con bífidus, encontraba tiempo para estar conmigo mismo y descansar la cabeza.

Cuando le cambiaba el pañal a Candela, pensaba en el texto que debería escribir a la noche; cuando preparaba una entrevista pensaba en que era imperioso hacer la compra; cuando viajaba hacia el periódico a las siete y media de la mañana, aún oscuro, sabía que tendría que salir corriendo al final de la jornada para llegar con el tiempo justo para ocuparme de la niña. Si bien antes aprovechaba las noches para avanzar en el trabajo, porque esa era la parte del día en la que mejor rendía (mi cronotipo era vespertino y no matutino: era búho, no alondra); ahora, cuando oscurecía y Candela iniciaba el sueño, ya no encontraba el ánimo para ponerme al teclado.

Leía que en otros países las bajas por paternidad y maternidad eran más largas (como siempre, en los países escandinavos) y pensaba que la sociedad debería apoyar más a las madres y padres que se ocupaban de criar a la sociedad del mañana. Siempre que escuchaba hablar de conciliación entre trabajo y cuidados era a favor del trabajo, aumentando las horas en los colegios u ofreciendo campamentos urbanos para que los padres pudieran cumplir con sus obligaciones laborales, en vez de limitar las horas de trabajo para permitir la vida familiar o social o personal. Siempre parecía ganar la producción a la reproducción, aunque una fuera imposible sin la otra. Bien mirado, estábamos generando en la intimidad de nuestros hogares a los líderes y la mano de obra del futuro. Acabábamos practicando esa doble jornada de trabajo y cuidados cuyo mayor peso habían soportado tradicionalmente las madres, y que todavía solían soportar, a pesar de los avances. Unas madres cuya maternidad era una de las primeras causas de ansiedad, depresión y búsqueda de tratamientos psicológicos.

Mi obsesión era pasar tiempo con Candela. Evitar convertirme en un padre ausente como el que yo sufrí. Por suerte, más allá de algunos días de guardia en el periódico, el trabajo me permitía flexibilidad y podía priorizar a la niña, pasear, jugar, acompañar y luego buscarme la vida para currar en los resquicios: a mi favor tenía que era bastante rápido cumpliendo con el trabajo. Se aseguraba por ahí que lo importante era compartir tiempo «de calidad», pero a mí aquello me parecía una engañifa para justificar que, a los padres y a las madres, según estaba montado el chiringuito socioeconómico, se les dejaba poco tiempo para dedicarse a la crianza y al amor.

No creía en el tiempo «de calidad», sino tiempo en el bruto, el tiempo a granel, el tiempo extenso en el que no sucede nada espectacular o memorable. Algunos de los ratos más felices de mi infancia los recordaba jugando a mi bola en el salón de casa, sobre la alfombra persa, mientras mi madre, mi padre y mi tía tomaban café y hablaban de cosas que yo no entendía, con alguno de los dos únicos canales de la tele de los ochenta de fondo. No era tiempo de calidad, era tiempo *random*, era compañía. Lo que se necesitaba era sentir la presencia cercana, los cuerpos, durante el rato suficiente, aunque cada uno estuviera haciendo una cosa diferente, aunque simplemente trascurriera la existencia pura que no dejaría nada que reseñar, apenas un recuerdo vago. Escuchar la respiración. Sentir el calor. Estar juntos. Existir juntos.

Liliana empezaba a acusar fuertemente el amamantar a Candela, no solo durante todo el día sino también cada par de horas durante las noches, donde le sobrecogía la soledad, y empezaba a cumplir ese estereotipo de madre ojerosa por los sueños partidos, como en una tortura china.

—¿Cuándo podré volver a dormir una noche seguida? —se preguntaba cuando llevaba ya varias semanas atendiendo a los despertares.

Era desesperante, y más desesperante le resultaba pensar que Candela nunca se iba a acordar de aquellos esfuerzos que hacía por criarla. Yo trataba de consolarla diciendo que aquello era un acto heroico, porque lo era, que suponía el gesto supremo de la generosidad: dar la vida, hacer a esa vida prosperar, cuidar ese fuego, aunque ya sabíamos que era algo que hacíamos a fondo perdido y que lo más probable era que Candela nunca lo apreciase en su justa medida. Al menos hasta que fuera madre y tuviera que criar a su propio bebé y pasar las mismas penalidades desde el otro lado del espejo. De eso también nos íbamos dando cuenta, de la carga de cuidados que nuestros padres habían soportado por nosotros sin que nosotros hubiéramos sido del todo conscientes.

—¿Cómo podía yo hablarle mal a mi madre, con lo que hizo por nosotros? —decía Liliana—. De pronto lo entiendo todo de golpe.

Eran tiempos en los que, a pesar de los intensos cuidados, o tal vez por ellos, al hablar, todavía nos costaba considerar a Candela una persona independiente. Cuando telefoneaba a Liliana y ella la estaba paseando por el barrio, yo le preguntaba dónde *estaba* y no dónde *estaban*. Cuando Liliana telefoneaba y yo estaba en casa con la niña, solía contarle lo que *estaba* haciendo y no lo que *estábamos* haciendo, como si la niña fuera aún un ser sin suficiente entidad gramatical. Con el tiempo adquirió tal entidad que no solo la integraríamos en las frases, sino que le dedicaríamos un libro entero.

Un día Candela comenzó sus estudios de Física. Es decir, se puso a jugar. De pronto, le gustaba tirar las cosas al suelo y mirar cómo caían, cuánto tardaban en hacerlo y en qué dirección. Le gustaba tocar insistentemente objetos con diferentes texturas. Le gustaba tratar de ponerse a cuatro patas y estimar su propio peso. Mostraba gran atención a los distintos colores, a las vibraciones de la luz al pasar a través de las hojas de los árboles (un efecto que los japoneses llaman *komorebi*), a los movimientos que hace el agua antes de caer por el desagüe o cuando ella golpeaba alegremente su superficie, generando olas y gotas que saltaban en todas direcciones. La bañera era uno de sus campos de pruebas más queridos y podía pasarse largo rato observando el chorro de agua que salía del grifo, metiendo el dedo dentro y testando la temperatura, colocando una pelota debajo y experimentando el efecto Venturi, o abriendo y cerrando la corriente infinitas veces, observando esa magia, la de los grifos, para la que los adultos ya estamos ciegos. El mundo le debía parecer un lugar muy extraño, porque lo era, aunque los mayores ya nos habíamos acostumbrado. Se descojonaba, la tía.

Candela vivía en un mundo muy pequeño, de unos metros de radio, pero enorme en su contenido: ahí dentro estaban ya las leyes de la naturaleza que a la humanidad le había costado miles de años entender y que todavía no entendía del todo. Su cerebro iba haciendo suyas las leyes de Newton de la Mecánica, los principios de la Termodinámica, las complicadas ecuaciones diferenciales de la Dinámica de Fluidos, aunque no les pusiera nombre. Simplemente las iba entendiendo.

—Et-to, et-to —decía Candela mientras señalaba las cosas con el asombro de la exploradora. Esto, esto.

Llamábamos, despreocupadamente, «jugar» a lo que hacía Candela, pero el juego de los bebés no era comparable al juego de la chavala que jugaba al fútbol, al del señor que jugaba al póquer, al del *gamer* que jugaba al *Grand Theft Auto V*, al *losing game* que decía Amy Winehouse que era el amor. El juego de los niños se parecía más a un laboratorio y, más que por diversión o por dinero, se jugaba para adquirir conocimiento de primera mano sobre la realidad. Candela ya había descubierto que la vida no era una película que tenía que limitarse a presenciar, sino un juego con el que podía interactuar, así replicaba el comportamiento de los primeros seres humanos que empezaron a manipular objetos y crear herramientas, el de los primeros magos que trataron de influir en el mundo natural, el de los primeros científicos que trataron de comprender el funcionamiento de las cosas. Candela emitía hipótesis y experimentaba para confirmarlas. Estaba haciendo cosas históricas a su propia escala. Estaba monísima.

Lo que iba aprendiendo era lo que dentro de un tiempo consideraría intuitivo. Lo normal: que las cosas se caen hacia abajo, que el cielo es azul, que al frenar se siente la inercia. Luego le volverían a enseñar la Física, pero poniéndole nombres y matemáticas, como recuperando un conocimiento atávico enterrado en su cerebro. Las cosas que no aprendiese en aquellos momentos primigenios serían las que no consideraría intuitivas sino extrañas, como que un electrón esté en varios lugares a la vez.

Cuando Candela tenía algo más de año y medio publiqué un libro, titulado *La España invisible*, donde trataba problemas sociales como la desigualdad, la pobreza o la precariedad. Reflexionaba sobre cómo a los niños les costaba interiorizar las injusticias sociales, cómo les llamaba la atención ver a una persona sin hogar por la calle, cómo a su cerebro candoroso y hambriento le costaba entender que algunos tengan mucho y otros tan poco, por qué no éramos todos aproximadamente iguales. A veces Candela se ponía a señalar a personas sin hogar tiradas por la calle, a decir que tenían pupa, y era sobrecogedor, otras veces las saludaba muy alegre, hola, hola, y las personas sin hogar, acurrucadas entre sus edredones en la puerta de atrás del Carrefour, le devolvían el saludo muy contentas, porque nadie las saludaba y menos con esa efusividad, y eso era hermoso. Por eso, pensaba yo, había que tener mucho cuidado con lo que le enseñábamos a las guajinas. No solo en la Física, sino en todos los aspectos de la vida: ese era el sentido común del futuro.

El juego caótico tenía sus consecuencias en la configuración del hogar. Candela reptaba como Rambo e iba adquiriendo conocimientos especializados de estrategia militar. Movida por no sé qué ansias de emboscada y sabotaje tenía la casa sembrada de cosas, como un campo de minas que cuidaba y recomponía minuciosamente. Luego se reía y esperaba a que pasásemos. Tenía pocos juguetes, y nos gustaba que así fuera, que no nadara en una abundancia de objetos inútiles. Pero en manos todo era un juguete, era bonito. Trasteaba con el mando a distancia, las pinzas de la ropa o las últimas novedades editoriales que no paraban de llegar a casa, convirtiéndose en un problema de espacio y logística. La casa era una jungla libresca.

La relación de Candela con los libros era estrecha. En general, la relación de los niños con los libros nos parecía más estrecha que la de los adultos, al crecer íbamos dejando esa actividad primordial de la lectura para ocuparnos en otras actividades más interesantes y maduras, como las redes sociales, el fútbol o el alcohol. A Candela le gustaba mucho que le leyéramos o, mejor dicho, le mostráramos los cuentos; aquellos artefactos con páginas rígidas que, cuando adquirió algo de lenguaje, llamaba «pentos», y que, alejada todavía de las pantallas y otras distracciones, eran su principal fuente de entretenimiento y aprendizaje.

—¡E- pento, e- pento, e-pento! —decía insistentemente para que le leyéramos.

En uno de ellos, un grupo de animales colaboraba formando una torre con sus cuerpos, del más grande, el elefante, al más pequeño, el ratón, para llegar a la Luna y darle un mordisco. Nos gustaba el mensaje, que promovía la colaboración entre todos los animales del bosque sin importar las diferencias y, es más, sacando partido de ellas. Aunque la pobre Luna, al final, se quedaba triste y lisiada por el mordisco del ratón, que había dejado su pequeña dentadura marcada en su borde. En otro, un conocido oso se ponía hasta arriba de miel, hasta que le dolía la tripa. Así que su grupo de amigos más íntimos (un cerdito, un tigre, un búho) buscaba la miel por su casa, encontraba el alijo almacenado bajo su cama y lo escondía, porque, según veían, el oso no era dueño de sí mismo. El cuento hablaba sin tapujos de la adicción: me llamaba la atención que los amigos del oso se vieran obligados a una decisión tan radical, entrando en su casa sin permiso y robando la miel. Aunque fuera por su bien.

Otros de los libros preferidos de Candela formaban la colección *De la cuna a la luna*, en la editorial Kalandraka, obra del poeta Antonio Rubio y el dibujante Óscar Villán. Eran muy bonitos, en formato cuadrado, y muy sencillos; se podían leer cantando. Uno, titulado *Violín*, trataba sobre los instrumentos musicales y acababa con un besó a papá; otro, titulado *Animales*, estaba protagonizado por caracoles, cocodrilos y elefantes; otro titulado *Luna*, el gran *hit* de la colección, versaba sobre el melancólico satélite de la Tierra, porque la luna y los animales parecían protagonizar buena parte de la producción editorial para niños. Era una pena que la mayoría de los adultos no fuéramos conscientes de las maravillas de la literatura infantil y juvenil hasta que no éramos padres, cuando descubríamos que era un territorio fantástico y diverso, y, por lo visto, un buen negocio.

Candela pedía una y otra vez que le contásemos los «pentos», nunca se cansaba, aunque se los hubiéramos contado cuarenta veces (una noche que no se dormía le conté uno cuarenta veces exactas) y se los supiera de memoria. De hecho, parecía que lo que le gustaba era sabérselos de memoria, conocer las melodías y poder predecir lo que iba a pasar. Tal era su gusto por esa colección que llevamos a Candela, poco antes de cumplir dos años, a la Feria del Libro de Madrid, en el parque del Retiro, que yo estaba cubriendo aquel año, para que en la caseta de la editorial pudiera conocer a Antonio Rubio y que este le cantara uno de sus libros y le firmara otro. Candela no sabía quién era Antonio Rubio, ni qué hacía en aquel sitio, pero nos resultó amable y divertido, y guardamos la anécdota para siempre: los inicios de Candela en la firma de libros.

Los libros no solo se leían o se miraban. Eso era solo una parte del negocio. Para Candela un libro era un mecano: no le importaba la tesis que defendía o las facetas más poéticas del estilo, sino los colores de su portada, su tamaño, apilarlos de una u otra manera, como una arquitecta pequeña y delirante. Tenía especial preferencia por los volúmenes de la editorial argentina Caja Negra que, aunque se dedicaban a las facetas más disruptivas del pensamiento contemporáneo (aceleracionismo, neoperaísmo, xenofeminismo), ejercían especial embrujo sobre la niña, con colores vivos y diseños geométricos. Con la filosofía más vanguardista, Candela hacía torres y montañas, como si tal cosa. Nos pasábamos el día reordenando las baldas más bajas de la biblioteca, donde la niña alcanzaba y hacía de las suyas, y a veces nos resultaba irritante el desorden que generaba, pero al mismo tiempo no le impedíamos el acceso, porque pensábamos que el roce con los libros desde pequeña quizá la convirtiese en una gran lectora en el porvenir. Quién sabe. El resto del parqué estaba regado de otros cachivaches: si no pisábamos un muñeco puntiagudo durante el día era porque íbamos muy atentos. Si no lo pisábamos durante la noche era porque nos acompañaba la diosa Fortuna.

Me horrorizaban aquellas casas llenas de cosas arrojadas por todas partes, cuando aún no era padre y visitaba a mis amigos con hijos, y me preguntaba por qué demonios no las recogían. De joven, como buen estudiante de Ciencias Físicas, había sido partidario de una humilde rendición ante el inevitable aumento de la entropía. Las cosas en el cosmos siempre iban a estar más desordenadas, tal y como enseña el Segundo Principio de la Termodinámica, así que no le veía el sentido a hacer cada mañana una cama que cada noche iba a deshacer. Con la edad, aunque nunca lo hubiera imaginado, me fui haciendo antientrópico y empecé a valorar algo que valoran muchos seres humanos adultos: el orden.

Un bebé es, por definición, un agente del caos. Lo maravilloso de la vida es que crea orden a partir del desorden, como un chorro de entropía negativa, eso sí, con un gasto notable de energía. Por eso tenemos que comer y respirar casi todo el rato. Y es cierto: las células de Candela, todas sus estructuras corporales, estaban sumamente ordenadas, porque los humanos somos como castillos de naipes que algún día, inevitablemente, se derrumbarán. Mientras tanto, para mantener ese orden, generamos desorden alrededor, y así evitamos contradecir los principios. Todo se compensa.

Los bebés generan entropía muy notablemente. Solo había que ver a Candela en la trona, distribuyendo la comida, que manipulaba con las manos (como mandaban las teorías vigentes), por todas las superficies del salón y por buena parte de su cuerpo. El yogur en el pelo, una semilla de granada en la frente, como el tercer ojo. Era fascinante: los bebés no diferenciaban entre lo limpio y lo sucio. Eso me hacía reflexionar sobre cómo y por qué lo hacíamos los adultos, cuándo una mercancía pasaba a ser basura y cuándo y para quién la basura, un candelabro, un zapato, un libro viejo, se volvía mercancía. Para un adulto un pedazo de boloñesa sobre un espagueti era comida, pero el mismo pedazo de boloñesa sobre la mejilla o sobre el parquet era suciedad. Una metamorfosis absurda. Los niños, que iban a las esencias, no diferenciaban entre orden y desorden o entre limpio y sucio, porque sus intereses no eran de este mundo, sino de aquella dimensión superior que no habían abandonado del todo. Pronto les lavábamos el cerebro. Nunca mejor dicho.

Y Candela seguía y seguía. Era imposible que renunciara a tocarlo todo, a investigarlo, a observarlo y sopesarlo y, una vez observado y sopesado, a arrojarlo en cualquier dirección, mientras recorría nuestro hogar tan azarosamente e igual de tenaz que nuestra aspiradora robótica Roomba, su gran rival y enemiga. Había días que preferíamos rendirnos a la inevitable disgregación del cosmos que nos llevaba hacia la nada. Al fin y al cabo, no había otra cosa que mereciera más la pena que mirar cómo Candela, inspirada en el dios Shiva, iba destruyendo el mundo.

La familia de Liliana vivía en Barcelona y mi madre, mientras vivió, vivió en Oviedo. Así que en la crianza estábamos solos, o relativamente solos. Liliana, Candela, yo, nadie más. Con los hijos pequeños era común que uno se apoyase en una pequeña red familiar, formada por abuelos, tíos o primos, pero en nuestro caso, como en el caso de tantas parejas de desplazados a Madrid, no había nada de eso. La crianza la realizábamos entre dos, mano a mano, sin ayudas externas, sin poder dejar una tarde a la niña con los abuelos para ir al teatro o tomar algo tranquilos en el bar de abajo.

Encontramos desahogo en un libro muy leído, *¿Dónde está mi tribu?*, de la filósofa Carolina del Olmo, donde explicaba las complejidades de criar en una sociedad individualista en la que había desaparecido la familia extensa, de la que solo quedaba un frágil rastro en navidades, bodas, bautizos o funerales, sustituida ahora por la familia nuclear moderna. Citaba un célebre proverbio africano: «Para cuidar a un niño hace falta una tribu entera». Y esa tribu que apoyaba la crianza había desaparecido. La propia autora había encontrado consuelo y apoyo en la casa familiar, con su madre y sus hermanas. La crianza materna exclusiva, como la que se proponía en muchos casos, no había sido lo habitual en la historia: lo común había sido una crianza cooperativa en la que varios individuos cuidaban de varias crías, propias o ajenas (entonces, no tan ajenas). El marco occidental dominante era una anomalía histórica.

Imaginábamos un pasado idealizado antes del éxodo rural, donde los niños de los pueblos estaban al cargo de toda la comunidad; la familia, pero también los vecinos que les echaban uno ojo en sus travesuras por la plaza y las veredas. Ahora ignorábamos hasta quién vivía en nuestro edificio de ocho pisos. Saludábamos a algunos vecinos, charlábamos brevemente en el portal con algunos menos, pero la mayoría eran un misterio, los había que ni nos sonaban. Al otro lado de las paredes vivían unos desconocidos de los que nuestras vidas dependían en cierto modo porque en sus pisos podrían originarse incendios o explosiones que nos afectasen o incluso nos matasen. Unos meses antes de que concibiésemos a Candela, estando en Cataluña, nos telefoneó la casera para preguntarnos si estábamos bien.

—Claro que estamos bien, ¿qué ocurre?

—Ha habido una explosión tremenda en el bajo.

En el bajo interior, un apartamento que imaginábamos pequeño y oscuro, vivía un hombre extraño de ojos saltones que estaba todo el día entrando y saliendo, y que siempre llevaba un cigarrillo entre los labios, incluso en los breves trayectos del portal. Si olía a tabaco es que acaba de pasar, y pasaba con una alta frecuencia, camino a sus recados y sus lentos paseos por el barrio. Aquella noche el edificio retumbó por una explosión de gas en su casa: todos los vecinos fueron evacuados en pijama y pasaron buena parte de la noche en la calle. Se provocó un incendio y el señor fue trasladado al hospital, muy grave. Cuando regresamos comprobamos que el patio estaba negro hasta el segundo por efecto de las llamas y una notificación en el portal anunciaba los trabajos de los arquitectos para revisar la estructura del edificio. Del hombre, que según se contaba estaba solo en la vida, sin familia ni amigos conocidos (otra muestra del creciente individualismo), no supimos más en varios días. Hasta que, preguntando a los vecinos en el ascensor, se difundió la noticia de que había muerto.

Carolina del Olmo abordaba las corrientes que había detectado en la literatura práctica sobre la crianza. La adultocéntrica, que concibe al niño «como un pequeño monstruo insaciable, un tirano manipulador guiado por malos instintos que los padres deben vigilar, atajar y reconducir». Y la niñocéntrica, que, como su nombre indica, ponía al niño en el centro: «Defiende la inocencia y la bondad intrínsecas del niño, que sabe mejor que nadie lo que necesita y lo pide con los medios a su alcance». El papel de los padres era, en este caso, acompañar al niño con empatía, amor y cariño, atendiendo a sus necesidades. Algunos expertos niñocéntricos que, por cierto, solían ser siempre hombres, abominaban de esa costumbre de no dar cariño a los niños para que no se malcriaran, de esas corrientes que recomendaban dejar llorar a los bebés para que así regularan su sueño o no darles bracitos siempre que lo pedían. Existía la idea enquistada de que dar a los niños demasiado amor podía ser contraproducente. Pero estos expertos defendían a capa y espada el cariño: nadie se había convertido en un asesino en serie por haber recibido demasiado cariño. Lo contrario sí era cierto. La realidad, decía Del Olmo, era profundamente adultocéntrica, como ya habíamos observado en nuestras interacciones con el urbanismo madrileño y los ritmos laborales. De hecho, una de las grandes críticas de la autora se dirigía al sistema socioeconómico, con largas jornadas y bajos salarios, en absoluto respetuoso con la crianza, ni con la vida en general. «El problema es una sociedad cuyas exigencias son radicalmente incompatibles con las necesidades de los bebés y también con las de quienes cuidan de ellos», escribía.

Viajábamos con mucha frecuencia a Oviedo y Barcelona para juntar a la niña con la familia extensa y que los abuelos disfrutaran de la adorable criatura. Oviedo, que siempre había presumido de ser la ciudad más limpia de España, era un lugar ideal para la crianza, y nos gustaba la idea de vivir a caballo entre Madrid y Asturias. En Madrid podíamos realizar nuestra vida profesional y estar al corriente de lo último, en Oviedo podíamos descansar, descomprimir y disfrutar de una casa más grande que nuestro pequeño piso lavapiesero. La capital asturiana era ideal para los niños: las calles peatonalizadas, las distancias cortas, una limpieza tal que se podía prácticamente comer en el suelo, y los niños, en general, no corrían ningún peligro. Es más, la población estaba tan envejecida que Candela se encontraba constantemente con señores, y sobre todo, señoras mayores que le hacían carantoñas de primera calidad.

Durante aquellos primeros meses me sorprendía la querencia que tenían las personas en esa franja de edad con los bebés y bromeaba diciendo que los pequeños eran como porno para abuelas. Algunas se propasaban en sus toqueteos, eso es cierto, cosa que sacaba de quicio a Liliana: algunas apretaban con demasiada fuerza los papos de Candela, haciendo un chillido muy agudo. Yo había encontrado en algunos artículos científicos investigaciones sobre cómo la ternura podía conducir a cierta dosis de agresividad, y era como la de aquellas señoras que castigaban los papos de la niña y que la amenazaban todo el rato con comérsela. ¿Por qué siempre teníamos en mente eso de comernos a los niños? Era algo natural en nuestra cultura, pero, bien mirado, no dejaba de ser inquietante, como si hubiera ahí un significado atávico enterrado que preferíamos no comprender.

La primera Navidad de Candela, la que sería la última de mamá, la pasé con ella en Oviedo mientras Liliana y la niña estaban en Barcelona. Aunque nos íbamos a juntar para Nochevieja y Reyes, ellas cogieron el coronavirus, por si tuviésemos pocos problemas en aquellos días, y pasé sin verlas más de dos semanas. Dos semanas en la vida de una guajina de cuatro meses era el equivalente a años en la vida de un adulto, así que yo estaba preocupado porque Candela creciera mucho, y de hecho la veía muy crecida, en cuestión de días, en las fotos y vídeos que iba recibiendo.

Me perdí algún momento estelar en la corta vida de Candela. Por entonces había muchos momentos estelares, porque cuando uno es tan joven se pasa el día haciendo cosas por primera vez. En aquel caso, Candela, tratando de alcanzar uno de esos paquetes de toallitas húmedas que tanto le gustaba manipular, por el sonido crujiente del plástico, se dio la vuelta. Si me hubieran dicho unos meses antes que un bebé se dio la vuelta, me hubiera quedado tan ancho, pero en los últimos tiempos había aprendido que esa vuelta era el primer paso para llegar a la Luna. Desde entonces habría que poner un extra de atención a la niña, porque en cualquier momento podía rodar sobre sí misma, como la croquetina que era, y despeñarse por cualquier abismo doméstico.

La vuelta era un cambio de fase entre el estado habitual de Candela, que era estar tumbada mirando al techo, a estar boca abajo, casi a cuatro patas, una postura que pronto le permitiría gatear, explorar, caminar y, en última instancia, levantarse cada mañana a las 7.25 para ir en el metro abarrotado al trabajo. No sabía si darse la vuelta había sido una buena idea. Yo todavía tenía la pulsión infantil de pasarme la vida tumbado.

Después de esas dos largas semanas de tensa espera vi aparecer a Liliana con Candela en el andén de la estación de Oviedo y nos pusimos a llorar. La guajina seguía ahí, no había crecido tanto, y miraba todo como si estuviera pintando el mundo con los ojos.

Hubo un tiempo en el que los seres humanos no conocían demasiado del mundo, de modo que lidiaban con los fenómenos de la realidad mediante creencias mágicas y fantásticas. Había duendes, dioses, dragones, hechizos, demonios y males de ojo. Luego, mediante el desarrollo de la razón y la ciencia, sucedió lo que Max Weber llamó el «desencantamiento del mundo», y el mundo se hizo un lugar un poco más aburrido, pero también bastante más habitable, aunque los humanos nos resistíamos todavía a vivir sin creencias y supersticiones, como se podía comprobar cada día en los periódicos.

Los niños conservaban la inocencia de esa humanidad pretérita. Candela no conocía aún las lógicas internas del mundo, de modo que para ella cualquier cosa era posible. Podría pensarse que esto contradecía sus experimentos de Física, pero no necesariamente. Según investigó la historiadora Frances Yates, los magos, los astrólogos, los alquimistas que operaron en el Renacimiento fueron cruciales para posibilitar la creación de la ciencia moderna, esa que estudiábamos en el colegio. Si bien antes el conocimiento provenía de los textos, ya fueran las Sagradas Escrituras o las obras de Aristóteles o Platón, los magos, los astrólogos y los alquimistas habían empezado a tentar el mundo real para obtener sus respuestas. Así, la astrología estuvo en el inicio de la astronomía, la alquimia en el inicio de la química, la magia en el inicio de la ciencia en general.

Candela estaba en ese mismo punto histórico, a su manera. Aunque exploraba el mundo de manera empírica, tocándolo todo, poniéndolo a prueba una y otra vez, sin descanso, todavía no tenía el criterio para juzgar lo que era posible y lo que era quimérico, como aquellos magos renacentistas que conocían los fenómenos pero no las leyes naturales que se escondían detrás. Nos gustaba acompañarla a mundos fantásticos. Por ejemplo, a través del Microondas Mágico.

Al poco de llegar a nuestro piso, ocho años antes, el microondas empotrado en el mueble de la cocina dejó de funcionar. Como solo lo utilizábamos para calentar leche y arroces, decidimos dejarlo ahí, estropeado, utilizando solo su reloj electrónico para mirar la hora: calentaríamos los víveres en cazos y sartenes. Así vivimos desde entonces, rechazando esta esquina del progreso. Cuando Candela fue adquiriendo algo de entendimiento nos inventamos el Microondas Mágico, que daría utilidad a aquel electrodoméstico abandonado. Si la niña le daba tres vueltas a la rosca y pulsaba tres botones, tal y como le enseñamos, se generaba dentro un objeto, que, claro está, habíamos introducido previamente. A veces aparecía un plátano. Otras veces un muñeco. Otras veces una patata. Otras veces un peine. A la niña le encantaba, era enternecedor ver la cara de ilusión que ponía al abrir la portezuela y cómo pedía repetir.

—¡Ot-to, ot-to, ot-to! —decía entusiasmada. Otro, otro, otro.

Entonces yo le daba una vuelta por el salón, cantando la canción del Microondas Mágico (especialmente compuesta para esta actividad, aunque de melodía y letra variable), y cuando regresábamos a la cocina aparecía otro objeto, que durante el paseíllo había introducido Liliana. Para no alargar el juego *ad infinitum* le hicimos saber a Candela que el Microondas Mágico solo funcionaba tres veces cada día. Le encantaba descubrir cuáles eran las tres cosas que se generaban ahí dentro al atardecer. Ni siquiera eran regalos espectaculares, ni siquiera eran regalos, eran artefactos normales y corrientes que teníamos por casa, alguno más colorido que otro. Un rotulador. Una cuchara. Una pelota. Pero lo importante era la magia, aunque Candela todavía no supiese que aquello era mágico.

Había una fantasía que no me gustaba: la de los Reyes Magos. Frente a una fantasía manufacturada, hogareña, artesanal, como la del Microondas Mágico o los elfos domésticos o la Boina Extraterrestre o la osa polar Gotita de Alquitrán, a la que Candela le gustaba cuidar y poner a dormir, los Reyes Magos me parecían una fantasía de Ikea, uniformizadora, que todos comprábamos y montábamos de la misma forma en casa. Tenía varios argumentos de peso contra el mito de los Reyes Magos y su difusión entre la infancia indefensa.

Por ejemplo, el mito de los Reyes introducía a los pequeños en un consumismo desaforado y enseñaba que el premio por ser buenas personas no era actuar en pos del imperativo categórico kantiano, es decir, por el bien en sí mismo, sino a cambio de una recompensa material. Si eras bueno, los Reyes Magos, precursores de Amazon llegados del Lejano Oriente, te traerían lo que hubieras pedido. Si eras malo, te traerían carbón, aunque nunca había suficiente maldad en España para revitalizar las minas asturianas.

Me ofendían aquellas navidades casi completamente secularizadas, en las que nadie se acordaba de los valores cristianos o del niño Jesús, en las que el único elemento religioso resistente era, precisamente, el de los Reyes Magos. ¿Por qué? Porque era el único que ofrecía una tremenda rentabilidad. Cogíamos la parte de la religión que necesitábamos, el resto lo desechábamos, los rituales solo tenían sentido cuando alimentaban al ciclo económico. Lo llamativo era que muchas de las personas verdaderamente religiosas, si es que quedaba alguna, parecían conformes con aquella mercantilización extrema de los Evangelios. Antes que regalar productos que casi nadie desea, como calcetines, perfumes *random* o corbatas no solicitadas, podríamos regalarnos momentos o servicios, pensaba yo, utópicamente. Un paseo, un masaje, una mudanza, un abrazo. Pero eso no generaba economía. Tampoco había por qué regalar a discreción si estábamos dándonos cabezazos con los límites físicos del planeta.

Otro de mis argumentos era que la verdad sobre los Reyes Magos, ocultada a los más pequeños durante quién sabe cuánto tiempo, suponía una gran conspiración mundial e intergeneracional para engañarles. ¿Cómo se sentían los niños cuando descubrían esa verdad? Yo, particularmente, me sentí engañado, no solo por mis padres, sino por toda la sociedad. Me hicieron desconfiar del mundo, ver que toda la ilusión era una falacia alimentada durante años con el silencio cómplice de todos. La *omertá* de la mafia siciliana. Supe lo que era la traición.

Lo peor era que, aunque ocupara estas posiciones ideológicas, probablemente no las iba a poder mantener en la educación de mi hija. Porque si mi hija no conocía a los Reyes Magos sería una niña discriminada en comparación con el resto, y porque si mi hija conocía el secreto, y lo difundía a los demás niños, probablemente una marabunta de padres y madres acudirían a mi casa con rastrillos y antorchas en lo alto para lincharme. No tendría otro remedio que introducir a mi pequeña en una costumbre que me repugnaba.

—Pero es que hay que darles ilusión a los niños, hombre —me decían las personas.

—Pues cúrrate la ilusión —decía yo—, no la compres prefabricada.

Y, mientras tanto, pensaba en nuestro hermoso e inútil Microondas Mágico.

Cocodrilo. Animal de la familia de los saurópsidos arcosaurios. Incluye a catorce especies que se congregan en hábitats de agua dulce como ríos, lagos, humedales y algunas veces en agua salobre. De piel dura, escamosa y seca, con una vida media entre cincuenta y ochenta años, su alimentación se basa en peces, reptiles y mamíferos, o algunos invertebrados como moluscos y crustáceos. Pisaron por primera vez la Tierra durante el Eoceno, hace unos cincuenta y cinco millones de años, ahora habitan en las regiones tropicales de África, Asia, América y Australia. El más grande registrado, un cocodrilo marino (*Crocodylus porosus*), llegó a medir 8,5 metros y pesar 1.700 kilos, y fue capturado en Queensland, Australia, en 1957.

Cocodrilo. Fue una de las primeras palabras que dijo Candela. No dijo perro, ni gato, ni vaca. Dijo cocodrilo. A su manera, claro. Yo solo había visto un cocodrilo en mi vida, fue en la lontananza de un río de la selva Lacandona, en Chiapas: casi no se le distinguía entre el agua marrón y los matorrales. Me dio miedo, pero estaba lejos. Tal vez había visto otro, no lo tenía claro, en algún zoo o en alguna alcantarilla, donde decían las leyendas urbanas que viven los caimanes dispuestos siempre a mordernos el culo. Era bastante posible que Candela nunca viera un cocodrilo, no es algo que se vea todos los días, y si llegase a ver cocodrilos, probablemente fueran pocos, los que se pueden contar con los dedos de la mano. Si no te los ha comido un cocodrilo.

Descubría que a las niñas pequeñas les enseñábamos cocodrilos, elefantes, jirafas, leones, cebras y rinocerontes como
quien enseña unicornios: seres casi fantásticos que se mostraban idealizados, en vivos colores, con grandes ojos y rostros
sonrientes. Más que animales reales parecían la idea platónica de esos animales, que, según el filósofo griego, se encuentra en otro mundo, el mundo de la Ideas, y de la que los es-
pecímenes individuales de nuestra realidad son solo una
copia triste. En los cuentos, en los juguetes, en los papeles de
pared y en los pijamas, hasta en los pañales, aparecían constantemente estos animales fabulosos y sonrientes, más fruto
de la cultura que de la naturaleza.

Sabíamos qué sonidos hacía cada uno. El león rugía. El
gato maullaba. El elefante hacía ese sonido agónico, como si
se estuviera muriendo, mientras movía la trompa. Candela,
muy graciosa, aprendió a imitar ese movimiento con su brazo. Cada vez sabía nombrar a más animales. El «pante» era
el elefante. La «piente» era la serpiente. El mono lo pronunciaba con suma claridad, y le obsesionaba, hasta el punto de
que ejecutaba a la perfección sus sonidos selváticos. El «ozz-
zo» era el oso. Decía Liliana que ese sonido de las «zzz» era
imposible de pronunciar por ningún otro ser humano que
no fuera Candela. No le enseñábamos los nombres de los
árboles, el olmo, la acacia, el tejo o el chopo, esos nombres
que debían saber los poetas y que pocos urbanitas manejaban
con soltura. El único sonido que hacían los árboles era el que
hacía el viento al pasar entre sus ramas.

Yo pensaba que esa enseñanza zoológica era consecuencia
de la lejanía de lo salvaje: había que enseñar aquellos animales exóticos porque no estaban en nuestra vida cotidiana.

Pero, pensándolo bien, exceptuando las mascotas (los perros y los gatos, fundamentalmente), un niño de ciudad (quedaban pocos en el campo) no llegaría a ver demasiadas vacas, cerdos, pollos, caballos o burros, los animales que consideramos domésticos. Yo había comido muchísimas vacas, cerdos y pollos y, proporcionalmente, casi no había visto ninguno. Eran también animales exóticos.

Si no se lo explicábamos bien, los niños podían llegar a creer que la ternera o el pollo eran solo unas masas densas y flexibles de color rojizo o grisáceo que se vendían en los supermercados envueltas en bandejas de porexpán, y que bien podían ser alimentos creados de manera industrial. Es que parecían de mentira. Ya se generaban, de hecho, en ominosas macrogranjas industriales, malas para los consumidores, para los animales y para el medio ambiente, y que solo beneficiaban a sus propietarios, pero en las que preferíamos no pensar demasiado. Algunas noches, me imaginaba las macrogranjas llenas de bebés, que no dejaban de ser animales pequeños, no tan diferentes a los pequeños cerdos o a los terneros más jóvenes; los bebés sentían y tenían emociones y deseos igual que los cochinillos. La carne industrial del futuro, que tal vez comiera la Candela adolescente cuando se fuese a ronear al burger, quizá fuese, en un mundo mejor, esa fabricada sintéticamente, sin sacrificar a un animal.

Yo era un vegano deseante, un vegano mental, un vegano hipotético y convencido que nunca reunía el coraje suficiente para llevar a cabo su veganismo en la realidad. El movimiento vegano lo tenía difícil. Desde niños comíamos esas masas grisáceas y rojizas, anónimas y desanimalizadas, que no se sabía de dónde demonios salían. Veíamos en las carnicerías y en los envases dibujos infantilizados de cerdos y vacas sonrientes, encantados de ser sacrificados y comidos, y nos parecían tan lejanos y platónicos como las jirafas y los elefantes de la sabana africana y de los pijamas.

Por eso podíamos indignarnos por el horror de las macrogranjas en un programa de la tele mientras nos comíamos una suculenta hamburguesa, sin caer en contradicción: esos animales de carne y hueso que maltratamos no podían ser, aunque nos lo dictase el cerebro y la evidencia, los mismos que nos comíamos. Eran otros. Lo sabíamos desde que éramos unos micos.

Iba asomando el que pronto identifiqué como el problema fundamental de la crianza en pareja: el reparto de roles y tareas. Una cuestión profundamente condicionada por los hechos biológicos, las inercias culturales y la cuestión sociolaboral, es decir, por cómo estaba montado el mundo.

Alrededor veíamos parejas que se rompían en ese momento tan delicado, incluso habíamos escuchado chistes sobre la mayor dificultad de criar a una hija: no divorciarse. Y experimentábamos esas dificultades. A mí me gustaba pensar que eran eso: dificultades. No era tanto que las parejas fueran disfuncionales, no era que estuvieran mal seleccionadas, no era que se hubiera acabado el amor o que ya no se aguantasen: era que el reto que se presentaba era formidable. Los problemas que aparecían, tan amenazantes por el horizonte, eran externos a la pareja, aunque debieran de resolverse dentro. En nuestro caso, surgía aquí y allá la tensión por cualquier motivo cotidiano, regada por el cansancio y el miedo, y la comunicación se hacía difícil. Las rencillas se encendían por cualquier tontería o malentendido, pero siempre acaban remitiendo a un malestar de fondo, a un malestar siempre larvado, que asomaba errático durante nuestros días, como un volcán que, cuando nadie lo esperaba, entraba en erupción.

Teníamos una cosa meridianamente clara: estábamos dispuestos a lo que fuera por mantenernos unidos. Pero Liliana reponía que si una pareja se encuentra en problemas, en el mundo contemporáneo separarse ya no suponía un drama o un fracaso. Yo estaba de acuerdo, y bendecía a aquellas parejas que tomaban esa decisión, sobre todo si se hacía desde el respeto mutuo, la cordialidad y protegiendo el bienestar de los pequeños. Pero no era lo que quería para esas tres personas que éramos nosotros. Yo había sufrido una infancia infeliz y crecido en una familia desestructurada. Para Candela quería al menos unos cuantos años de familia unida al estilo tradicional.

Por entonces, estaban apareciendo numerosos libros que cuestionaban la familia tradicional, como transmisora de las peores relaciones de poder y de las mayores toxicidades patriarcales. La familia había dejado de ser considerada como un tema menor en la literatura, quizá por el empuje del feminismo, y estaba bien que así fuera, y que se escribiera de ello. Como miembro de una familia tradicional, con su padre, con su madre, con su hija, no estaba en contra de la crítica a la familia tradicional, sino al contrario: la crítica era necesaria y purificadora, podía hacernos desarrollar familias más sanas; de igual manera que la experiencia con mi propia familia desestructurada me impelía a crear una familia mejor, con más amor y menos durezas. Esa era mi obsesión. Si poníamos en solfa a la familia de toda la vida, podíamos entender no solo que había otros modelos respetables y funcionales de familia, sino que la familia de siempre podía y debía hacerse mejor.

Quería conjurar la imagen de mi padre alcohólico derrumbándose sobre mi pequeño cuerpo, aquel día tan lejano cuando yo estaba jugando sobre el parquet del salón de casa. Yo quería viajar con Candela y Liliana a un parque de atracciones lejano, vivir alguna aventura exótica, merendar cosas buenas, sacarnos fotos en las que Candela posase alegre en mitad del abrazo de su padre y de su madre. Que Candela viviera lo que yo no pude vivir y que tanto envidiaba a otras familias. Que su única patria, como escribió Rilke, fuera su infancia. Luego ya veríamos. Más allá de todos los versos y teorías, me resultaba llamativo que cuestiones logísticas y domésticas, de pura practicidad, se convirtieran en algo tan central en la convivencia, en algo tan complejo de solucionar y que tantas veces llevaba al conflicto. Y me resultaba triste, casi vulgar, que se desataran los demonios por desacuerdos relacionados con lavavajillas, plátanos olvidados o superficies llenas de polvo. No éramos especiales: según una estadística a pie de parque realizada por Liliana la práctica totalidad de las parejas padecía este tipo conflictos, aunque puertas para fuera no se publicitaran o solo se publicitaran a posteriori.

En esa complejidad primero observé que influye la biología. Que Liliana fuera lactante determinaba nuestro funcionamiento, porque ella iba a ser la encargada de alimentar al bebé con su pecho y de dormirle y atender los despertares durante la noche, mientras que yo tendría que ejercer de apoyo en la lactancia, proveyendo de todo lo necesario para que esta transcurriera de forma exitosa. Aquel era un modelo tradicional de reparto de tareas, propiciado por los mecanismos de la naturaleza. Cometimos el error, aunque solo lo comprendimos cuando ya era demasiado tarde, de enseñar a Candela a dormir siempre a la teta de su madre, de modo que ese peso tuvo que ser soportado por Liliana durante más de dos años, con momentos de desasosiego en los que no lograba ver la luz al final del túnel. Dormir mal condicionaba toda su experiencia cotidiana y su estado de ánimo: le hacía ver el camino más cuesta arriba y los obstáculos más amenazantes.

Luego estaban las inercias culturales, arrastradas durante tiempos inmemoriales, que nos decían que la madre tenía que hacerse cargo del cuidado de los niños y el hogar, mientras que el padre se encargaría de proveer. Ella se queda en la cueva, él sale a cazar un ciervo. Observé algo sorprendente: con la llegada de Candela, Liliana parecía saber qué hacer en cada momento, tener un plan en la cabeza con todos los pasos que había que llevar a cabo, había cobrado un nuevo nivel de conciencia fruto de la maternidad. Desde fuera yo la veía así, como poseedora de un amplio control, aunque desde dentro ella sintiera incertidumbre, como quien acaba de ser arrojado, de noche, a un bosque denso y oscuro.

Ese estado de alerta y ese conocimiento creciente que yo percibía en Liliana no se daban por arte de magia, aunque lo pareciera. Lo achacaba a que, de un día para otro, se había convertido en la cuidadora principal de una criatura indefensa, por mucho que estuvieran su padre, los médicos, las instituciones públicas y el resto de la humanidad. Ella era la responsable final, ella era la que soportaba el mayor peso. Percibía en Liliana la fuerte herencia recibida: la idea de que debía tener un desempeño cuasiperfecto en sus tareas de crianza, un desempeño que había sido ejercido por generaciones y generaciones de madres y abuelas, y que ahora caía sobre ella. Una voz interior le decía, pensaba yo, que tenía que estar a la altura de toda la humanidad precedente, desde la aparición del *Homo sapiens*.

A mí, como padre, me costaba estar atento a todos aquellos cambios, como si caminase algunos kilómetros por detrás de Liliana en aquello de comprender la paternidad y las mudanzas que se estaban produciendo en nuestro pequeño mundo. Supongo que tenía que ver con el hecho ya señalado de que yo era un cuidador secundario, que no era lactante, que no era el último y primer apoyo de Candela. Era mucho más fácil para mí permitirme despistes e incluso incurrir en las últimas bolsas de vagancia y ociosidad que todavía tendrían que ser erradicadas de mi vida.

—Tienes que pensar de manera transversal —me decía Liliana.

Cuando Liliana me decía que no estaba rindiendo a la altura requerida, yo advertía que una de las causas era el desconcierto vital que me generaba la enfermedad de mi madre, primero, y el duelo que sobrevino tras su muerte. Durante la enfermedad abundaba el acompañamiento y la compresión por parte del entorno, y era un apoyo que a uno le reconfortaba. Pero el duelo, según descubrí, era un desierto que uno tenía que atravesar solo, sobre todo si uno tenía una hija pequeña que merecía la atención. «Cruzo un desierto y su secreta desolación sin nombre», había escrito el poeta José

Ángel Valente. La situación me resultaba confusa, porque yo
quería ser un padre militante y atento, pero me costaba llegar
a los estándares. Trabajaba duro en mantenerme en ellos,
pero había momentos de debilidad en los que fallaba, unos
momentos de debilidad que yo podía permitirme, pero que
Liliana no, por esa asimetría que se daba entre ambos. Si Liliana había comprendido la maternidad en un suspiro, yo
estaba aprendiendo la paternidad por fascículos, a base de
prueba y error, implementando pequeñas mejoras. Cuando
comíamos, durante los primeros tiempos, muchas veces yo
no me daba cuenta de que Liliana, con la niña al pecho,
necesitaba que alguien le ayudara a cortar el filete de pollo y
ella se me quedaba mirando, mosqueada, mientras yo, distraído, masticaba el arroz mirando al infinito. O cuando me
pedía la bufanda al salir de algún sitio, yo pasaba por alto
que no tenía manos disponibles y que, además de dársela,
tenía que colocársela alrededor del cuello. Tuve que aprender
a salir de ese ensimismamiento y a prestar más atención a
sus nuevas necesidades.

Liliana se sentía muchas veces sola, y me dolía escuchar-
lo, porque significaba otro de mis fracasos. Me consolaba
pensar que al menos una parte de esa soledad era imposible
de paliar, que era una soledad ligada indefectiblemente a la
experiencia maternal, que quizá daba igual lo que yo hiciese.
Una soledad que era simplemente una sombra generada por
la tarea titánica que la maternidad proyectaba. Aun así, probablemente había otra parte de esa soledad que yo, consciente o no, estaba desatendiendo.

De niño pasaba muchos ratos en el Teatro Campoamor, en el corazón del apacible Oviedo. Mamá montaba allí sus espectáculos del Joven Ballet Contemporáneo, las galas de fin de curso de su escuela o las coreografías de algunas de las óperas de la temporada, que tan orgullosa le hacían sentir. Le divertía contar anécdotas de cuando Luciano Pavarotti le tiraba los tejos, estando ella embarazada de mí. Yo, cumplidos los cuarenta, cuando una profesora me dijo que tenía grandes dotes para el bel canto, empecé a fantasear con que la versión de mamá fuera una patraña y que no hubiera estado embarazada de mí, sino que más bien yo fuera hijo del histórico tenor italiano. Curiosamente, teníamos cierto parecido Pavarotti, mi padre y yo: tipos morenos, de fenotipo latino, con cejas gruesas y expresión aniñada. Podría decirse que me crié entre bambalinas, correteando por allí, tanto que, en mi mente infantil, pensaba que el teatro era propiedad de mi madre. A ella también le divertía mucho contar esta anécdota. Cuando en mi adolescencia fui bailarín, debuté en ese escenario haciendo el paso a dos de *Romeo y Julieta*.

En el primer otoño de Candela me tocó cubrir los Premios Princesa de Asturias en el Campoamor: se daban sobre las mismas tablas sobre las que yo había bailado de jovencito. Antes expusimos a Candela por vez primera al desfile de bandas de gaitas que esa tarde recorren la ciudad, en parte por opacar la protesta anual, cada vez más pequeña, contra los premios y contra la monarquía. Candela, en mis brazos, pequeñísima y ojiplática, al borde del Campo de San Francisco, bajo los magnolios, miraba con pasmo a las gaiteras y a los tamborileros pasar con gesto solemne. Visto desde ahora no sabía cómo la diminuta Candela no se había quedado sorda del volumen folclórico que tuvo que sufrir en pro de su naciente asturianía. Meses después diría la palabra «gaita» y el círculo se cerraría.

A continuación, asistí a la ceremonia, en un palco muy alto y esquinado que ponían para que los periodistas viésemos algo, pero desde el que no se veía casi nada. Hacía muchos años que no entraba en el teatro, así que me acordé mucho de mamá. La memoria anida notablemente en los olores, pero también en los lugares. Algunos sabios de la Antigüedad y el Renacimiento practicaban el arte de la memoria, *ars memoriae*, que, en una de sus modalidades, consistía en construir palacios mentales, los palacios de la memoria, en los que colocar los recuerdos distribuidos por las habitaciones y estanterías. Cuando uno quería rememorar algo solo tenía que recorrer mentalmente esos espacios para hallar lo que buscaba.

A mí las calles, las plazas, las casas siempre me traían recuerdos muy vívidos, y así me los trajo el Campoamor. Me sorprendió cómo regresaron todos los detalles del lugar: como, de niño, los ensayos de la compañía de mamá eran largos, yo exploraba los pasillos y los camerinos donde mi tía Vicen planchaba los tutús y las bailarinas, muy nerviosas, se maquillaban y practicaban las piruetas por las esquinas. A veces subía a los últimos pisos y visitaba en su reino a Manolo, el tramoyista (¿qué hacían en aquellas alturas tan oscuras los tramoyistas?), un hombre grandón que me daba un poco de miedo y algo de risa, porque era como un ogro amable que me hacía monerías pero que tenía las manos gruesas y fuertes, la nariz gorda y cara de mal humor, hasta que sonreía con aquellos pequeños ojos claros. Así le recuerdo yo, entre las brumas.

Me acordé asombrosamente de todos los detalles: los adornos de la mampostería, los medallones de los palcos, los motivos del suelo, los pomos de las puertas, el tacto del terciopelo rojo de las butacas. Era curioso cómo un niño aburrido podía pasar las horas pasando la vista por cada detalle, porque el mundo era nuevo y simplemente mirarlo era un festín, igual que ahora a Candela le resultaba imposible mantener quieta la mirada y atada la curiosidad. Todos aquellos detalles que ahora me parecerían irrelevantes, en los que ahora no me fijaría, se habían quedado nítidamente grabados en mi memoria infantil.

En los primeros meses de Candela estaba reviviendo momentos de mi infancia que creía olvidados o inexistentes. ¿Realmente olvidábamos algo o solo hacía falta tocar la tecla precisa para que los recuerdos de toda una vida emergieran a primer plano? ¿Estaba toda la película de nuestra existencia grabada en las profundidades del disco duro cerebral? No lo sabía, el caso es que empezaba a recordar escenas borrosas desde el punto de vista del bebé que estaba en la cuna, cabezas borrosas que se asomaban, luces lejanas, alguna voz. Cuando llevamos a pesar a Candela a la farmacia me vino a la cabeza la báscula metálica, con un paño encima, que utilizaban para pesarme siendo yo un bebé. Cuando llevamos a Candela al pediatra recordé las sesiones con pediatra Zapico, al que me llevaba mi madre y que tenía consulta enfrente de casa. Y así habían ido apareciendo recuerdos muy primigenios que ni siquiera recordaba que había olvidado. Aunque, como la memoria es dúctil y fantasiosa, y se agarra de donde puede y pone lo que falta, nunca sabría cuánto habría de realidad y cuánto de ficción en esos recuerdos. Mamá no estaba ya para preguntarle.

En el Campoamor reconocí sobre todo la enorme lámpara sobre la platea, que solía tratar de dibujar, sin mucho éxito, en las libretas cuadriculadas donde mi madre apuntaba la escaleta y los detalles técnicos de regiduría, iluminación y sonido. Me preguntaba cómo habían colgado esa lámpara tan alto, cómo demonios subían allá arriba para limpiarla o repararla, y tenía miedo de que un día aciago se cayese sobre el público. El día de los Premios Princesa también pasé algo de miedo pensando que la lámpara podía caerse sobre toda la gente importante, los políticos, los militares, los empresarios que asistían a la ceremonia.

Y me daba miedo pensar que mi madre ya estaba muerta y no pudiera contarle que había vuelto al teatro y que había vuelto a ver la lámpara, y que los recuerdos habían vuelto a aflorar con todo detalle y que algún día esos recuerdos se perderían otra vez para siempre.

Los roles sociales de los progenitores habían sido controvertidos, y cada vez más, sobre todo por la fuerza del feminismo, aunque algunas ideas al respecto, dentro del propio feminismo, habían ido mutando. En los años sesenta se produjo la llamada «incorporación de la mujer al trabajo», una conquista histórica para las mujeres que así accedían a una carrera en un mundo laboral reservado hasta entonces a los hombres. Ganaban la independencia económica que se les había negado. Las mujeres se empoderaron, aunque se mantuvieran notables desigualdades.

La «incorporación de la mujer al trabajo», sin embargo, tuvo otras consecuencias. Obviando el hecho de que el mercado laboral no parece el terreno más adecuado para la emancipación, sino, más bien, todo lo contrario, el término podría ser engañoso y hasta ofensivo. Las mujeres no se «incorporaron al trabajo», sino que llevaban desde tiempos inmemoriales trabajando en las tareas de reproducción y cuidados. Eso también era un trabajo. El problema radicaba en que esas tareas habían sido vistas tradicionalmente como una cuestión menor en comparación con el trabajo de producción, realizado por el hombre, por eso la mujer se mantuvo en esa situación de dependencia económica y sometimiento general. Algunos feminismos actuales hacían hincapié en la importancia de los cuidados y de los trabajos reproductivos. Y algunas teóricas afirmaban que estos deberían ser remunerados: en su desvalorización se radicaba la opresión histórica sobre las mujeres. Aunque probablemente remunerarlos era imposible, porque el sistema se basaba precisamente en esa gratuidad, como explicaba Silvia Federici. Sin el trabajo gratuito de millones de mujeres, el sistema capitalista hubiera sido una quimera.

Otra derivada de esta nueva conformación de la sociedad era la llamada crisis de los cuidados. Cuando las madres salían de casa a trabajar y los padres no llegaban a implicarse del todo, cuando la familia se hacía más nuclear y se deshacían la familia extensa y las redes sociales que antes colaboraban con la crianza, hacía falta algo más para cuidar a los hijos, a los enfermos o a los mayores. Liliana y yo comprobamos que cuidar a una niña era una tarea intensa y a tiempo completo, era físicamente imposible compaginar dos jornadas laborales completas con la atención, durante veinticuatro horas, a la nueva persona. No solo nos dimos cuenta nosotros, la sociedad comenzó en las últimas décadas a externalizar de forma creciente los cuidados contratando a terceras personas o a instituciones como escuelas infantiles o geriátricos. Muchas de las personas que venían a cuidar a nuestras familias eran mujeres pobres provenientes de otros países, sobre todo latinoamericanos, que habían dejado de cuidar a sus propias familias para aportar algún dinero desde Europa. Eran las «cadenas internacionales de cuidados». Por cada mujer latinoamericana mal pagada que cuidaba en España, había una familia menos cuidada o, directamente, descuidada, en Ecuador, en Colombia, en República Dominicana.

La buena idea, pensaba yo, no se limitaba a que la mujer se «incorporase al trabajo» (porque en la mayoría de los casos se había incorporado pagando el alto precio de mantener su trabajo doméstico, haciendo la «doble jornada»), sino a que el hombre, al mismo tiempo, también se «incorporase a los cuidados». Un movimiento de trasvase bidireccional. Pero había otra complicación: esa conquista del feminismo, que permitió que las mujeres trabajaran fuera, supuso al mismo tiempo un creciente descrédito del trabajo doméstico y los cuidados. Nadie quería hacerse cargo. Las que lo realizaban no obtenían reconocimiento social ni económico. Las «amas de casa», siempre minusvaloradas, lo siguen siendo; incluso por algunos feminismos, que lucharon por sacar a las mujeres de casa, sin reconocer a las que habían estado dentro, a las que todavía lo están.

Recuerdo a mi madre: una mujer moderna y hecha a sí misma, trabajadora, artista y empresaria, que levantó un exitoso centro de danza y una joven compañía en Asturias. Era conocida y respetada, formaba parte de la élite cultural de la región. No le gustaba demasiado lo doméstico y solía externalizarlo. Cuando se decidía a prepararme unas lentejas, se le quemaban en un alto porcentaje de las ocasiones. Su trabajo la absorbía intensamente y mis cuidados siempre fueron contratados a una cuidadora, por lo general una joven que venía de algún pueblo, y a la que yo cogía mucho cariño, como una segunda madre.

Eché en falta una mayor presencia de mamá en mi vida, sobre todo cuando mi padre, con su alcoholismo, ya había ejercido un fuerte abandono sobre mí. Ella, con toda su buena intención, pensaba que proporcionarme una vida confortable, aunque otros pusieran el confort, era la mayor atención posible. Quizá, sin que lo advirtiéramos, esa ausencia permaneció en el fondo de los conflictos que mantuvimos a lo largo de nuestras vidas adultas. Ahora ya no puedo preguntárselo, pero, probablemente, en la visión feminista de su generación, en el ambiente de los años setenta y ochenta, tener que ocuparse de cuidarme personalmente y ceder una parte de su exitosa carrera le hubiera parecido un retroceso en su liberación como mujer. Es curioso: en aquella época se veía dar de mamar como algo anacrónico. Una servidumbre impropia de una mujer liberada.

«Es como si las madres que se atrevieron a romper con una tradición de sometimiento familiar tradicional rechazaran la vertiente más vulnerable y dependiente de sus hijos y, en paralelo, como si fueran reacias a aceptar la dimensión de la crianza relacionada con la dependencia y el cuidado. Como si no fueran capaces de concebir la dependencia más que en términos de sumisión», escribía Carolina del Olmo. No solo las madres o las mujeres debían ocuparse de los niños, según la ensayista, pero tampoco debían por ello desentenderse o excluir la crianza de los procesos de liberación de la mujer. Los niños podían llegar a ser vistos como un obstáculo en una cultura que nos incitaba constantemente a romper nuestros límites y progresar hasta el infinito. Una cultura del esfuerzo que no consideraba los esfuerzos de la crianza, que primaba, una vez más, la dimensión de la producción a la de la reproducción. Como también señalaba la autora, las mujeres se habían puesto a participar en un mercado laboral diseñado para hombres con las espaldas bien cubiertas, que abocaba a las mujeres al agotamiento, sobre todo a las de clase trabajadora (ocuparse de los hijos podía llegar a ser un lujo de las clases más acomodadas). Y a la crianza a un continuo desprecio.

Las sensibilidades estaban cambiando. La bandera de los cuidados era ondeada por amplias secciones del feminismo, que consideraban esos trabajos tan valiosos como los de producción, e incluso más necesarios. Como el mundo se estaba volviendo más cruel y menos humano, había mujeres que reivindicaban pasar más tiempo con sus hijos, que querían trabajar menos y cuidar más. Lo que, a su vez, era visto como un retroceso para algunas madres de generaciones anteriores, como un engaño del patriarcado para volver a encerrarlas en casa, según había observado Del Olmo.

Yo no creía que implicarse en los cuidados fuera un retroceso. La clave era transformar los valores para que los cuidados se percibiesen en toda su importancia, que era mucha, y no seguir ciegamente los valores patriarcales y productivistas que los despreciaban. La clave era conseguir la corresponsabilidad de los hombres, pese a las dificultades de toda índole que se planteaban. Ocuparse del trabajo de reproducción social debería estar bien considerado, tanto social y económicamente, pero no solo para las mujeres: los señores también podríamos trabajar en casa. Algunos lo hacían, incluso a tiempo completo.

Cuando de niño jugaba por casa a las carreras de coches, mi coche siempre ganaba. Nadie taponaba mis tiros cuando lanzaba a la pequeña canasta que tenía en la pared. Yo mismo me daba la réplica cuando jugaba con los muñecos, y la historia transcurría en mis propios términos, porque fui, porque era, hijo único. En casa siempre jugaba solo. En soledad, en soledad ni siquiera me hacía falta jugar físicamente: me bastaba con imaginarme el juego, una historia que sucedía en mi cabeza, plácidamente tumbado. Total, no había nadie con quien interactuar. Quizá de ahí venía mi gusto por la posición horizontal.

Añoraba tener una familia normativa, con dos progenitores y un par de hermanos, con primos y abuelas, como las de las *sitcoms* que veía en la tele de los ochenta. Nunca tuve abuelos, o, si los tuve, murieron cuando era muy pequeño. Mi abuela Ángela, madre de mi madre, se había ido al poco de nacer yo. Mamá solía hablarme del alivio que le había causado mi llegada a aquella mujer esbelta y canosa, de cuello fino y arrugas profundas, que yo solo conocía por las

fotos expuestas en casa. Mamá me decía cómo había admi-
rado su amabilidad y su elegancia, su generosidad y su justicia, pero a mí, que era un niño distraído, no me interesaban
aquellas historias sobre una mujer que nunca había conocido. Ahora temía que cuando Candela creciera y le explicase
la vida de Marisa, sus éxitos como coreógrafa, algún viaje que
hicimos, las cosas que decía, a Candela le resultase un cuento extraño sobre alguien de otra época. Un fantasma cercano,
un suspiro en la memoria de otros.

Mi presencia algodonosa y neonata le había proporcio-
nado a mi abuela una razón para terminar de vivir cuando
estaba cansada y triste, como lo están los que ya ven el fin del
mundo. Aquella criatura, que había nacido con un bigote
muy negro, según cuenta la leyenda familiar, le había devuel-
to la sonrisa. Esa historia me llenaba de un extraño orgullo,
como si nada más nacer ya hubiera yo cumplido, con mi
inopinado bigote de pelusa, una primera misión en la vida,
aplicando el mismo sortilegio antiguo que ahora oficiaba
Candela. Ángela no pudo disfrutar demasiado: el bebé no
había cumplido los dos años cuando la abuela murió de una
trombosis. Apenas queda algún recuerdo espectral perdido
por ahí, en alguna doblez de la memoria. No imaginábamos
que la historia se iba a repetir.

A pesar de todo, no me causó especial trastorno ser hijo
único. Es más, lo viví como un privilegio: me parecía odiosa
la idea de tener que compartir la atención de mi madre con
otras personas. Me sentía especial. Mi madre, antes de nacer
yo, había intentado tener otros hijos, pero los había perdido.
No sabía si de haber nacido ellos hubiera llegado yo a nacer
o si, por el contrario, se hubiera completado el cupo. No

sabía si me hubiera quedado en el plano de la inexistencia o si me hubiera materializado en uno de aquellos cuerpos sí nacidos. Pero eso es filosofía. Nunca me pareció mal plan ser hijo único, una presentación de la especie humana en monodosis. El protagonista de la película. El rey del mambo doméstico.

Ser hijo único, según decían, imprime cierto carácter, mayor creatividad e independencia. Yo me encontraba bastante cómodo en la soledad, si esta no se volvía cósmica; es más, con frecuencia necesitaba estar solo, y una de las cosas que más me afectaba, de entre todos los rigores de la paternidad, era la escasez de momentos de soledad, los paseos largos, el estar a mis cosas. Me sorprendía lo mucho que echaba de menos pasar tiempo solo, una querencia que no había identificado antes de la llegada de Candela. Una independencia, la del hijo único, decían, que podía rayar en el egoísmo, la falta de interés por los demás, una menor tendencia a compartir, que es amar, o a trabajar en equipo. Las malas lenguas decían que éramos mimados y caprichosos. Bah, son *fake news*, me defendía yo. Los hijos únicos, además, no habíamos experimentado en primera persona lo que es la fraternidad. Me resultaba extraña la hipotética existencia de otro ser que también fuera hijo de mis padres. Me hubiera parecido un usurpador. Los hijos únicos se aburren a veces (o al menos se aburrían en tiempos menos entretenidos), pero aburrirse era una sana costumbre en peligro de extinción.

Era padre de la que, por entonces, era una hija única. No sabíamos si lo seguiría siendo. De Candela nos habían dicho, en encuentros fortuitos por la calle, que era una «niña trampa», un epíteto que desconocía hasta que conocí a la propia Candela. Trampa no en el sentido de que la liase parda o que engatuse con sus engaños, sino todo lo contrario: que era tan inocente y candorosa que daban ganas de tener otro vástago. Que te dejaba con ganas de repetir.

Aun así, no estaba claro que fuera a tener hermanos. A veces teníamos claro que sí, otras veces nos parecía, sencillamente, inviable. A veces sentíamos que nos gustaría que Candela tuviera un hermano, para que no estuviera sola, ni entonces ni en el futuro hostil que se presentaba. Pero otras veces pensábamos que era una privilegiada al disponer de toda nuestra atención (y nuestra herencia). Qué pena daba cuando a la primogénita le nacía un hermanito y se moría de celos. Además, si nos resultaba difícil criar a Candela, no nos podíamos imaginar cómo sería teniendo dos: nos decían que el trabajo no se duplicaba, sino que se multiplicaba por diez. Quizá estábamos mejor así, los tres, más tranquilos.

Los hijos únicos estaban proliferando en España. Si antes éramos la rareza, en un país de críos y familias numerosas, ahora teníamos visos de convertirnos en la norma. El índice de fecundidad, que mide el número medio de hijos por mujer, había sido de 1,19 en 2021. Es decir, no se estaban reponiendo los españoles en las nuevas generaciones, no estaban naciendo dos niños que sustituyesen al padre y a la madre. No había una persona nueva que sustituyese a cada persona vieja. Faltaba gente en España, aunque sobrase en el planeta. Las razones del aumento de los hijos únicos eran, *grosso modo*, las mismas que las de la baja natalidad: no había buenas condiciones económicas, no había trabajo, no había posibilidad de emanciparse joven, los alquileres estaban por las nubes, se nos imponía una vida llena de experiencias y aventuras y un fuerte desempeño profesional, el trabajo era cada vez más absorbente y conciliar era difícil, etc. O sea: no había dinero, no había tiempo, tampoco había suficientes ganas. Había quien prefería, cosa muy respetable, tener una mascota y llevarla a la peluquería, y eso causaba escándalo en algunos periódicos y gentes de bien.

Un excéntrico profesor de Termodinámica de la Facultad de Ciencias de Oviedo, de esos que alucinan a los alumnos y les hacen amar más su disciplina, me preguntó, a finales de los años noventa, cuál era la diferencia fundamental entre el alargado abeto que se veía desde la ventana del laboratorio de físicos primerizos y el chorro de la fuente que estaba un poco más lejos, en la rotonda que daba entrada a la ciudad por la plaza de Castilla. La imponente sierra del Aramo al fondo, como un gigante dormido.

—Todo es cuestión de tiempo —me explicó.

Se dice que es bonito ver crecer a las niñas, pero es falso que se las vea crecer. A un ser humano no se le ve crecer como se ve venir una ola, sino, más bien, como se ve abrirse una flor. No estamos capacitados para percibir directamente procesos tan lentos, de modo que más que ver crecer a Candela nos íbamos dando cuenta a cada poco de que Candela había crecido. Cuando la comparábamos con una foto de hace una semana, cuando el bodi se le quedaba pequeño, cuando nos acordábamos del día en que nació, en el que parecía una pequeña alimaña asustada. Lento: el movimiento de un barco petrolero en el horizonte.

Hacíamos muchas fotos a Candela, demasiadas, tantas que más que información generábamos ruido. Queríamos ser conscientes de los infinitos estados por los que iba pasando, atrapar cada una de sus configuraciones, como si el crecimiento fuese un proceso discreto, que transcurre en cortos estados estáticos, en vez de suceder de forma continua e imperceptible. No sabíamos lo que pasaba dentro del cuerpo de Candela, no sabíamos cómo la maquinaria celular iba expresando su información genética punto por punto, día por día, proteína a proteína, a 24 *frames* por segundo. Candela crecía totalmente fuera de nuestro control.

—Es que tengo miedo a no acordarme de todo —decía Liliana cuando se sentía mal por la acumulación de imágenes.

Teníamos fotos de la niña recién nacida en el hospital, de la niña viendo su primer desfile de gaiteros, de la niña disfrazada de duende. Teníamos fotos de la niña expuesta por primera vez a un periódico local, de la niña mirando por el ventanal de la cafetería La Corte, de la niña jugando con su abuela, cuando aún estaba viva. Teníamos fotos de la niña sonriendo con una gran variedad de matices, de la niña con sus primos de Barcelona, de la niña pegando pegatinas con brillantina de colores en la ventana del tren de alta velocidad, surcando la España vacía.

Teníamos miles de fotos de la niña haciendo miles de cosas, y eso sin contar los centenares de vídeos, decenas de archivos de audio y hasta el retrato a lápiz que le hizo Nacho, que es artista. Aquello era ya todo un archivo, y mira que Candela era pequeña: nos preguntábamos cuántos terabytes ocuparía su vida entera. Teníamos tantas imágenes, acumuladas día a día, sin que pudiéramos evitarlo, que, cuando nos poníamos a mirarlas, a clasificarlas, a ordenarlas, a descargarlas y a ponerlas a buen recaudo en una copia de *back up*, nos dábamos cuenta de que era imposible navegar por aquel océano.

Me proponía hacer criba, pero era difícil: no queríamos perder ninguno de los momentos que habían quedado grabados, esos instantes que se perderían en la eternidad para no volver nunca. Pensábamos que, al guardar fotos de todos los momentos de Candela tomadas desde todas las perspectivas posibles, teníamos, en realidad, grabada su propia vida, y que nos habíamos rebelado al paso del tiempo. Lo de siempre: el paso del tiempo.

Le dije a Liliana que tal vez convendría alimentar un poco menos a Candela o meterla a ratos en una caja de zapatos, a ver si así no crecía tanto. Fantaseamos con que acudiera gateando, en pañales, a su primer día de universidad, si es que en el futuro la universidad seguía sirviendo para algo. Pero todas las soluciones nos acababan resultando ilusorias. Nuestra niña se iba transformando poco a poco y teníamos profundos debates sobre si era ya una niña o todavía seguía siendo un bebé: había veces que nos parecía una cosa, otras veces nos parecía otra, y nos veíamos enredados en discusiones escolásticas.

La pena auténtica, nos decían, llegaría con la adolescencia, cuando la niñez se perdiese para siempre. Por ahora cada etapa, cada pequeño cambio y descubrimiento, era una aventura y una satisfacción. Nos daba una pena infinita que Candela fuera a crecer, porque siempre nos deleitaba en el momento presente.

—Candela, ahora mismo, está en su mejor momento —nos decíamos con una mezcla de excitación y pena.

La buena noticia era que, cuando efectivamente crecía, nos gustaba tantísimo, nos parecían tan increíbles sus avances y se nos presentaba tan preciosa y especial, que no echábamos de menos los estados anteriores. El pasado daba igual. Casi no lo podíamos recordar: el presente lo llenaba todo. Candela, con esos dos ojos que parecían dos canicas clavadas en una tarta. El sufrimiento por el crecimiento de Candela era, pues, inútil y sin sentido. Pero no por ello dejábamos de experimentarlo.

¿Cómo interaccionaría mi cronofobia con los tiempos de la paternidad y la crianza? Esa pregunta me producía angustia. Había escuchado opiniones variadas al respecto. Por ejemplo, que los días pasaban lentos cuando uno era padre primerizo, llenos de tareas y preocupaciones, pero que los meses y los años pasaban rápido. La vida transcurría a caballo entre dos velocidades subjetivas. Yo sentía que nuestra historia se desplegaba muy pausadamente ante nosotros porque lo que nos sucedía nos resultaba muy nuevo y muy costoso. Eran la rutina y la repetición las que hacían que el tiempo fluyese supersónico, pero entonces nada era rutinario ni repetitivo, sino todo lo contrario. No me desagradaba, porque se desvanecía esa sensación constante: la del tiempo traspasándome con tanta furia.

¿Por qué aquel excéntrico profesor de Termodinámica de la Facultad de Ciencias de Oviedo me decía, mirando al árbol y a la fuente, que todo era cuestión de tiempo? Si pudiésemos observar a cámara rápida aquel árbol alargado igual que se nos muestran las flores, las nubes o el sol en bonitos documentales, veríamos también un chorro como el de la fuente, creando y soltando ramas y hojas, un chorro orgánico y verde disparado hacia el cielo asturiano. La vida sucede en *stop motion*.

Una persona en movimiento es una persona quieta muchas veces. La realidad fluida es una sucesión de postales muy pegadas. Candela creciendo era una colección de Candelas que nunca crecerían. Así Candela cumplió un año.

Vivir

¿Dónde vamos con la guajina?, pensamos cuando llegó el verano y nuestras primeras vacaciones en familia. Mamá había muerto unas semanas antes y, después de aquel proceso, que nos había tenido tantos meses merodeando por las brumas, nos merecíamos un tiempo de desconexión a cualquier precio. Un tiempo de vida sin muerte. Un tiempo de fuego nuevo.

Con un bebé a bordo, las opciones vacacionales se reducían: nada de expediciones a la selva Lacandona, nada de navegación por el río Senegal, ni siquiera una clásica visita al *skyline* de Manhattan. Los bebés, en su tierna redondez, introducían un factor de caos en la ecuación veraniega. Así que la mejor decisión era un viaje que permitiese vibrar armoniosamente al ritmo del cosmos. Es decir, tender a la mínima energía y al máximo desorden. Es decir, ir adonde te preparasen la comida y te recogiesen la habitación. Es decir, a un *resort* vacacional. Candela cumplía doce meses, pero, en realidad, toda su existencia había sido similar a una estancia en un *resort*: a los bebés les cubríamos todas las necesidades y estaban todo el rato visiblemente ebrios. Cuando creciese, aquel algodonoso *resort* constante de la infancia se transformaría en la triste oficina de la adultez.

Llevamos a Candela al mar, y Candela señaló el mar y lo miró tan tranquila. Qué grande era el mar y qué pequeña era Candela. Señalaba los entes con el dedo, como si así fuese descubriendo el mundo parte a parte, dándole existencia, poniéndole nombre a cada cosa, grabándolo en su disco duro. Señalaba el cielo sin motivo mientras miraba desafiante a la lontananza. Parecía una estrella de rock ante un estadio abarrotado, el pelo al viento. Señalaba rincones vacíos y nos dábamos cuenta de que señalaba fantasmas o de que aún percibía en esta realidad los jirones enredados del mundo que había abandonado para venir a este.

Candela, marítima y resalada, miraba el mar con la familiaridad de un marinero, no era consciente de su monstruosidad, de los peligros que muerden las piedras de los acantilados, de su olor a pis, de que a papá el insistente aliento de las olas siempre le recordaba a la eternidad y a la muerte. Pensé en Antoni Benaiges, el maestro republicano que prometió a sus alumnos de interior mostrarles el mar, que hizo a aquellos niños escribir en un cuaderno cómo se imaginaban el mar. Nunca fueron a la orilla, porque al maestro le torturaron y asesinaron los fascistas. Hay quien no ve el mar hasta los quince años y siempre recuerda cómo fue la primera vez, qué día era, quién le llevó, cuánto tembló ante la visión del horizonte.

Yo me crie cerca del mar, así que este fue creciendo conmigo, en perfecta sincronía con el resto del mundo alrededor. Las nubes, las aceras, la violencia. En realidad, Candela ya había visto el mar, muchos mares, el Cantábrico furioso que promete llevarnos a las profundidades sin retorno. Pero le había dado igual, se había quedado mirando cualquier cosa pequeña, una piedra, una concha, un tapón, incapaz de abarcar la grandeza terrorífica de lo que se le proponía. No había cobrado conciencia del hallazgo. Aún estábamos a tiempo de ocultarle el mar, y luego de mostrárselo. Podría decir: «Recuerdo el día que mi padre me llevó a ver el mar, y el mar me pareció tal cosa». Candela iba a habitar un mundo hastiado de todo, donde todo ha sido contemplado en exceso, donde todo es conocido y está disponible al instante: toda la música, toda la comida, todas las imágenes. Podríamos robarle el mar algunos años, pero regalarle algo muy escaso: un descubrimiento genuino.

El *skyline* que se veía al fondo del mar no era el neoyorquino, sino el de Benidorm. La ciudad del placer, del flúor, de la música más buena y la cerveza más barata; la ciudad de los rascacielos y los guiris y los jubilados; el veraneo sostenible y dislocado. Viva Benidorm. El alojamiento no era un edificio, sino un pueblo entero que recreaba una villa renacentista: el *resort* era tan hermoso como hortera. Parecía de cartón piedra, pero era sólido; de hecho, las 400 habitaciones se repartían por 25 edificios entre los que discurrían callejuelas y se encontraban fuentes, restaurantes y plazoletas. Había hasta una suerte de plaza mayor, con una iglesia que, en realidad, era un espacio para eventos. Le enseñamos entusiasmados a Candela este simulacro posmoderno, pero Candela vivía en un universo cuyo radio medía solo unos metros: nunca recordaría esto.

Así que todas aquellas actividades y prestaciones le resultaban irrelevantes. Lo que más le gustaba del hiperdiseñado *resort*, incluso más que la gran superficie de la cama y de la tele, incluso más que el asilvestrado entorno de las piscinas, era el sencillo suelo de una zona que acabamos por bautizar como «el suelo divertido». Con eso se contentaba la *pequeñoide*, con una amplia superficie de baldosas de cerámica en la que poder arrastrarse con facilidad y, eventualmente, encontrar alguna piedrecita con la que practicar la pinza entre el pulgar y el índice. Candela era austera y feliz como Diógenes el Cínico. Su sonrisa iluminaba entonces más que el sol del Levante español y entonces optábamos por ponernos un poco más de crema solar.

Habíamos ido a descansar, a tumbarnos en la hamaca y a elevar la tasa nacional de lectura, pero erramos los cálculos: un bebé requería más atención parado que en movimiento. Nos podríamos haber colgado sin problemas a Candela para explorar la selva Lacandona o el río Senegal, pero, en cambio, mientras nos poníamos las gafas de sol y nos tumbábamos a haraganear, la niña requería toda nuestra atención para que no se comiera una chancla o fuera fulminada por los rayos ultravioleta o sufriera un golpe de calor o mirase de forma obsesiva a la pareja de al lado, que trataba, a su vez, de concentrarse en la planitud de su encefalograma estival. Lección aprendida: el año siguiente iríamos a hacer *rafting* y salto base. Actividades de riesgo para bebés amantes del peligro.

Pero qué inédita emoción al acompañar a Candela por primera vez en la piscina y verla admirar el azulón y la apretada trama de azulejitos, como un diagrama del espacio-tiempo curvado por el agua. A Candela le gustaba navegar sobre nosotros como esas acróbatas que viajan sobre delfines y le gustaba pasar por debajo del puente de madera y sentir-

se la almiranta de la mar océana. Introducir a los niños pequeños en el agua me parecía una acción de carácter especialmente paternofilial, siempre la había observado desde lejos
con admiración y asombro. Mostrarles un nuevo medio,
extraño y peligroso, en el que solo pueden sobrevivir si son
sostenidos por tus brazos. Volver a un medio acuoso como
aquel del que hace no tanto les habíamos sacado para en-
frentar este mundo tan seco.

Los empleados del *resort* sonreían y saludaban y preguntaban qué tal: nunca me había sentido tan comprendido. Nos
informaban pacientemente de las actividades del equipo de
animación durante la jornada, con una nutrida oferta para
la infancia, aunque Candela era todavía pequeña para participar en la minidisco, la yincana o el taller de camisetas. De
la guardería salía una polifonía de llantos y risas que nos
parecía demasiado selvática. Los empleados le hacían carantoñas y la cogían en brazos y decían que era la niña más
simpática y más bonita del lugar. Estábamos de acuerdo en
este juicio, nos parecía evidente, aunque también espiábamos
el trato que le daban a otros bebés a la puerta del bufet para
comprobar su veracidad. Se lo decían a todos: en el *resort*
también había barra libre de monerías. Pero no logramos llegar a una conclusión sólida: quizá a ellos les mentían, esos
pobres padres de hijos *random* que no eran Candela. El bufet
era un sistema ideal para la niña, cuya forma de alimentación
consistía, además de la leche materna, en coger trozos de comida y enguarrar los alrededores mientras rechupeteaba. Nos
ponían una trona y podíamos proveerla libremente de trozos
de fruta, de pasta, de verduras que se encontraban con facilidad en el festín, y que no encontraríamos en otro tipo de

restaurante a la carta. Éramos como cazadores recolectores del Paleolítico vagabundeando por el comedor en busca de alimento para nuestra cría. Por eso metíamos el codo para hacernos sitio en la cola del *show cooking*: era el primitivo instinto de la lucha por la vida.

En verano, según observamos en un *resort* tan familiar, los padres tenían la preciosa oportunidad de pasar más tiempo con sus hijos, así que algunos aprovechaban para enchufarles sistemáticamente cualquier pantalla que los mantuviese ajenos, evitando así molestias en la piscina o en el lobi. No era proclive a juzgar la paternidad de los otros a simple vista, pero nos resultaba perturbadora la despreocupación con la que algunos progenitores exponían a sus crías a la tecnología, cuando muchos de los tecnólogos de Silicon Valley, según habíamos leído, elegían para su prole colegios sin dispositivos tecnológicos. Como esos narcotraficantes que nunca prueban su propia mercancía.

Al anochecer, cuando en circunstancias normales (es decir, prepaternas) nos daríamos al atontamiento etílico y a los espectáculos musicales (qué maravilloso el movimiento de cadera del saxofonista residente, figura clásica del hotel vacacional), le dábamos vueltas con el porteo a Candela por ahí para que se durmiese temprano, convertida en un desvencijado flan con pestañas. Y nosotros, muy cansados, con ella. Las resacas y la crianza eran entonces, en nuestra nueva vida familiar, tan inmiscibles como el Baileys y la Coca-Cola.

Yo no sabía si las últimas investigaciones me acompañaban, pero había conceptualizado a los bebés como pequeños e inocentes ultraliberales, tendentes a mirarse el ombligo, no muy dados a compartir ni a tener en cuenta a los demás. Se movían empujados únicamente por su propio deseo, como si el mundo tuviera que plegarse siempre a este. Se les caían los mocos y no les importaba lo más mínimo. Estaban en contra de las regulaciones y solo creían, inconscientemente, en un Estado mínimo, apenas representado por sus padres, cuyas acciones solían resultarles opresivas y llevarse a la protesta, mediante el llanto. O al terrorismo, a base de mordiscos.

Su concepto de libertad consistía en hacer lo que les daba la gana cuando les daba la gana sin que les pusieran cortapisa, solo les importaba su supervivencia y su placer, embarcados en el ansia de su irrefrenable apetencia. Nos resultaban tan adorables, como portadores de nuestra carga genética y objeto de nuestros mimos, que no se lo teníamos en cuenta. Luego, mediante ese proceso que llamábamos educación, los íbamos convirtiendo en florecientes socialdemócratas y fans de la Agenda 2030, es decir, civilizándolos y preparándolos para la vida en común. Ese proceso comenzaba en la escuela infantil. Sí, algún día tendrían que pagar el IRPF, igual que ahora, en la escuelita, tendrían que compartir el muñeco con el niño al lado.

Cuando Candela cumplió un año comenzó a asistir a la escuela infantil y durante el periodo de adaptación tuvimos la suerte de acompañarla: fue una oportunidad para infiltrarse en el mundo secreto de los niños más pequeños, un mundo de alfombras, cojines, pequeñas canciones y objetos de madera, un mundo normalmente vedado a los adultos. Íbamos de incógnito, tratando de pasar desapercibidos y mezclarnos con el gentío infantil. La legaña era tendencia.

Aitor era suave y educado, aunque en ocasiones la liaba parda. Ramón era de carácter melancólico y tendía al llanto. Aurelia era muy habladora y curiosa. Elisa era callada, se comunicaba a través de una mirada soñadora. Eran mis nuevos amigos. Ninguno sobrepasaba los tres años. Algunas mañanas, disimulando como un agente secreto de mediana edad, me sentaba en aquel suelo cálido a ver cómo los niños interactuaban, cómo se conformaba una sociedad en miniatura, cómo Candela se iba enterando de que había otros como ella, sus iguales, pero ya tan diferentes. Mientras tanto Candela se iba acostumbrando al nuevo entorno, cogiendo confianza, y nosotros nos íbamos ausentando de la sala en periodos de tiempo cada vez más largos, primero una corta visita al baño, luego una salida de diez minutos, después un paseo de media hora, comprobando cómo reaccionaba Candela, si rompía a llorar por sentirse desamparada o si ya se encontraba a gusto en aquel lugar y con aquella gente. Así, poco a poco, Candela se fue adaptando sin pasar ningún mal rato.

Pensamos que moldeamos a los niños, o que los moldea el entorno, pero aquellas pequeñas criaturas, de solo unos meses de existencia, ya mostraban personalidades bastante definidas. Se podía intuir quién sería extrovertido y risueño, como la pizpireta Candela, y quien sería taciturno, iracundo o romántico rezagado. Observando esos extraños lugares que eran las escuelas infantiles, donde todo era blando y propicio, era difícil entender que ahí se forjaban las sociedades del mañana, que tan poco blandas serían. Seguramente había un momento durante los años siguientes en el que todo se volvía hostil.

Yo siempre había sido una persona bastante individualista, muy a mi pesar, no solo por hijo único, sino porque no asistí a la guardería. Entonces se iba a la guardería y no a la escuela infantil; la diferencia en el nombre contenía una diferencia de matiz. Entonces no había periodo de adaptación y te dejaban allí desde el primer día como al paracaidista que arrojan detrás de las filas enemigas. Los niños de antes tenían que ser más duros que los de ahora. Desde el primer instante en el que me depositaron en aquel territorio extraño lleno de muñecos, dibujos y, horror, otros niños, monté tal espectáculo que nunca más me volvieron a llevar. Cuando tocó escolarizarme, a eso de los cinco años, costó bastante: algunos amigos que conservo aún recuerdan mi desesperación, los gritos rompiendo tímpanos, mi violencia desatada contra las piernas de las profesoras, como si estuvieran deteniendo a un guerrillero insurgente, y también recuerdan los numerosos días de furia hasta que fui domesticado.

No acabó ahí la cosa: nunca me gustó ir al colegio y cuando llegó la universidad cursé la carrera sin pisar apenas las aulas ni conocer a demasiados compañeros. Los días que acudía a la Ciudad Universitaria me refugiaba en la biblioteca, entre libros llenos de fórmulas matemáticas que aún me resultan rarísimas, y a la hora del almuerzo prefería sentarme solo en una piedra del parque a comerme una baguette de bacon y queso fundido. Se me daba mejor socializar en los bares y los *after hours*, y de ahí salían mis amistades, que acababan formando un círculo vicioso. Al embarcarme en la vida laboral preferí ser autónomo antes que acudir a oficinas y redacciones, y aún me resulta traumático coger el metro por las mañanas para ir trabajar y sentir que, para realizar una labor intelectual, alguien requiere con tal ansia mi cuerpo físico sentando en una determinada silla. Este celo por mi autonomía y domesticidad me venía, según afirmaba la psicoterapeuta, de esa socialización defectuosa en la infancia. De la falta de la escuela infantil. Cuando iba en metro al trabajo seguía sintiendo en el estómago un remanente de aquellas angustias: quería volver a casa, con mamá, aunque mamá hubiese muerto.

A Candela no le pasaría lo mismo. En la escuelita, territorio de la infancia extrema, yo observaba la fugacidad de la atención y las relaciones de los niños: eran bolas de billar trazando trayectorias aleatorias, chocando aquí y allá por un instante. Candela gateaba para alcanzar una pelota que le duraba tres segundos y luego tocaba un momento la pierna de Ramón y Ramón reaccionaba diciendo algo ininteligible, y luego Aitor aparecía y, sin querer, le propinaba un pequeño golpe con un camión de la basura (de juguete), y entonces Candela rompía a llorar con cierta intensidad durante unos siete segundos, hasta que se veía entretenida por Aurelia, que en aquel justo instante se intentaba poner de pie agarrada a un cajón, y se ponía a sonreír como si el pasado nunca hubiera existido. Vivían en el presente absoluto, y en el absoluto dadaísmo.

Su falta de concentración era similar a la que los adultos sufrimos en el mundo digital, picoteando de aquí y allá, y provocaba una coreografía trastornada. Las «acompañantes», término que preferían al de «profesoras», demostraban gran templanza ante aquella situación delirante que evolucionaba siguiendo caminos impredecibles. Había algo que me llenaba de admiración: trataban a los pequeños con el mismo respeto con el que se trata a un adulto. Ni una palabra más alta que otra, ni ese tono infantil y condescendiente, las peticiones perfectamente explicadas y justificadas, nada era porque sí, el por favor y el gracias. Los trataban con una cortesía mayor que la que se estilaba en el mundo de los mayores y que tal vez así le inculcásemos a las nuevas generaciones. Cuando leía libros sobre cómo tratar a los niños con respeto, aprendía muchísimo sobre cómo tratar a los adultos. No había tantas diferencias entre el microcosmos de los niños y el macrocosmos de los adultos. Ojalá me hubieran tratado con ese respeto y esa delicadeza. Ojalá consiguiéramos un mundo más respetuoso en el futuro.

Yo estaba allí, en la sala Nido, acompañando a Candela y, desde un perfil muy bajo, de observador internacional, intervenía solo cuando ella venía a mí, tal y como me habían instruido. El momento crucial tenía lugar cuando ensayábamos aquellas pequeñas «despedidas». Entonces tenía que explicarle de forma asertiva a Candela que me iba un rato pero que pronto regresaría. «Papá siempre vuelve»: la frase funcionaba como un mantra. Me venían a la cabeza esos perros que sufren una fuerte ansiedad porque cada vez que su dueño se ausenta piensan no va a regresar jamás, a los que sufren cada día encerrados tantas horas en pisos pequeños, a los que se quedan a la puerta del supermercado, en tensión, mirando hacia la línea de cajas, a ver cuándo aparece su humano. Queríamos evitar en Candela esa ansiedad perruna, también demasiado humana.

Así que yo salía un rato, y aunque la niña lloraba unos segundos, pronto se volvía a concentrar en tareas tan absorbentes como sacar una bola de madera de una caja o gatear por dentro de un túnel de tela. La observaba desde fuera, agazapado, a través de una esquina del cristal de la puerta. Me producía una rabia secreta que se acostumbrara tan rápido a estar sin mí, que no me echara de menos y ardiera Troya, pero me obligaba a pensar en lo bueno de todo aquello. Que Candela sería una ciudadana ejemplar.

A los catorce meses, a Candela le dio por hablar todo el rato por teléfono. Utilizaba diversos artilugios, ya fuera el auricular del fijo, el mando a distancia de la tele o un plátano de Canarias. Todo eran teléfonos. Nos entregaba el aparato para que hablásemos, así que me inventaba que llamaba a la NASA, por si querían una niña astronauta, o con la ferretería, por si querían una muñeca que dijera cosas incompresibles. O con la fábrica de mimos, donde nos estarían preparando un lote suculento.

—Buenos días, ¿es la fábrica de mimos? —decía mientras me pellizcaba la nariz con los dedos para simular la sonoridad de una llamada telefónica.

No sabía con quién hablaba Candela, porque todavía no entendía su idioma: todavía hablaba en bebé. Tenía la teoría, aún no demostrada, de que los bebés seguían en un mundo paralelo donde cohabitaban los muertos y los no nacidos, el lugar del que todos venimos y el lugar al que todos volvemos. Algunos años antes había conocido a un médium poético latinoamericano que podía comunicarse, no solo con los poetas muertos, sino con los poetas por nacer. Así que seguramente Candela hablaba con ese mundo, donde ahora también estaba mi madre. Quizá hablaba con ella. Quizá hablaban del fuego.

Mamá, en su lecho de muerte, algunas semanas antes, parecía ver a personas que ya estaban pululando por allí, pillando sitio, y que nosotros no conseguíamos ver. O al menos eso aseguraba un amigo muy místico cuando mamá perdía la mirada en alguna esquina de la habitación de cuidados paliativos, mirando sin mirar, mirando la nada. Curiosamente, muchos años antes, yo había escrito un relato en el que me encontraba a mi difunto padre en la cafetería de El Corte Inglés de Callao tomándose un *gin tonic*, de los suyos. Ginebra Gordon's con tónica Schweppes. Me contaba que esa cafetería, en el último piso de los centros comerciales, cerca del cielo, era un lugar de paso entre el otro mundo y este, por eso les gustaba tanto a las personas mayores, porque así iban tramando relaciones en el Más Allá, comenzando una nueva vida social. En fin, que los bebés, pensaba yo, transitaban entre los mundos pero luego, según crecíamos, nos íbamos olvidando de esos lugares ultraterrenos. Por eso nos daba miedo morirnos.

Pero lo que me preocupaba de verdad no eran estas cuestiones metafísicas, sino una muy palpable: que Candela estaba empezando a interactuar, de forma aún muy primitiva, con la tecnología. El asunto que más me echaba para atrás antes de ser padre era la perspectiva de criar a un vástago en un mundo hipertecnológico, en el que no es que utilizásemos la tecnología, es que vivíamos dentro de ella. Hubo un tiempo en el que nos conectábamos a internet y navegábamos un rato por la tarde para después volver al mundo tridimensional; ahora internet era el escenario en el que sucedían nuestras vidas. Si a los padres nos costaba mantener la adicción a raya, ¿cómo íbamos a conseguir que nuestros hijos desarrollasen un uso responsable?

Intentaba mirar el mundo a través de los ojos neonatos de Candela, como si hubiera acabado de caer en este planeta desde algún lugar del espacio exterior. La visión de un vagón de metro repleto de viajeros perdidos en las entretelas del *smartphone* me resultaba distópica, como si una civilización extraterrestre hubiera colonizado nuestros cerebros, como si nos hubiésemos conectado nosotros mismos a un gran sistema universal, una mente cósmica, de la que ahora éramos presos, como en *Matrix*. Los que teníamos cierta edad al menos habíamos conocido un mundo en el que al esperar en la cola del supermercado o al viajar en el autobús de línea teníamos tiempo de observar a los demás o perdernos en nuestros propios pensamientos, y no en los de un trol de Twitter (que ahora, en el mundo vertiginoso, ya se llamaba X). Para Candela, que no conocería aquellos extensos tiempos previos, que no tenía nada con lo que comparar, la tecnoadicción sería el estándar. Me sobrecogía la normalización de que lo que me parecía aberrante.

—Papá, ¿por qué se llama «móvil»? —preguntaría Candela algún día.

—Porque antes, cuando papá era pequeño, los teléfonos estaban atados a la pared.

—Ah, ¿pero solo eran teléfonos?

Otro día, en un restaurante mexicano de Oviedo, vi a una familia con cuatro hijos; los cuatro enchufados a un *smartphone*, para no molestar. Los padres miraban el fútbol en la tele del comedor, trasegando Coronita y tacos al pastor, disfru-

tando de cierto relax. Una vez más, no debía juzgar las crian-
zas de los demás sin conocer su intrahistoria, pero la imagen
me resultó inquietante: el más pequeño, que aún era un bebé
en los brazos de su madre, consumía con su cerebro de nata
desquiciantes animaciones a todo ruido y color. Habíamos
leído, alarmados, que hasta los dieciséis años las pantallas
podían ser muy perjudiciales para los pequeños, causándo-
les problemas de concentración, retrasos en el desarrollo
cognitivo, ansiedad, dificultades sociales o emocionales,
fracaso escolar. Por aquellos días en los colegios estaba ini-
ciándose un movimiento para controlar la tecnología en las
aulas que estaba generando mucho debate. Es como si le
estuviéramos dando a aquella generación pequeña una droga no testada cuyas consecuencias desconocíamos a largo
plazo. La ubicuidad de las pantallas, de los *smartphones* y las
tablets, aunque parecía acompañarnos desde siempre, tenía
muy pocos años. Como todo iba por clases, era común que
las familias de rentas más bajas expusieran a los niños durante más tiempo a las pantallas, por falta de tiempo o de
información, que las familias más adineradas.

Nos tendríamos que empapar de los mil métodos peda-
gógicos y negociadores para introducir a Candela en la tecnología, siempre con miedo a ser demasiado permisivos y
ofrecerla en sacrificio a la Red como quien ofrece un carne-
ro a los dioses tecnológicos; o a ser demasiado estrictos,
criarla en un anacronismo amish y perder un gran talento
para la ingeniería informática. Quizá de otro modo la *pequeñoide* hubiera logrado ser una gurú de Silicon Valley y hacernos ricos. ¿Cómo ser justos? Parecía una tarea hercúlea. Por
lo pronto, intentábamos utilizar lo menos posible el móvil

en su presencia para que no lo fuera conceptualizando como un instrumento necesario para vivir (que es lo que era) o incluso como una parte más de nuestro cuerpo. Era difícil, porque tratando de no usarlo se nos hacía evidente que casi para cualquier tarea era necesario y el dichoso aparato se acercaba a nuestras manos y a nuestro cerebro como por arte de magia. Cuando menos lo esperábamos nos había vuelto a poseer. Solo íbamos a consultar la hora y acabábamos cayendo por el agujero del conejo que nos llevaba a los extremos más extraños de internet. Así se iniciaban rondas de reproches.

—Eh, ¿en qué habíamos quedado? No mires el móvil

—Pues tú lo estabas mirando antes, en el desayuno.

—Mira quién va a hablar, el que lo mira siempre.

A veces la niña le daba alcance al aparato y, lo que resultaba terrorífico, se quedaba obnubilada con la pantalla y movía el dedo sobre ella como nos veía hacer a nosotros. Daba la impresión de que se hubiera reencontrado con un objeto ya conocido, tal vez de ese mundo anterior donde convivían todos los que no están en el planeta Tierra, y que, según veíamos, estaban también conectados a internet. Hay quien vería en esta predisposición de Candela unas grandes cualidades para lo tecnológico, un increíble potencial para la industria; nosotros, como furibundos tecnopesimistas, tendíamos a verlo como muestras de una futura adicción. A veces pensaba, desanimado, que debíamos rendirnos a la evidencia de que nuestro mundo ya no era solo el que transcurría en el espacio físico sino también el que lo hacía en el espacio virtual y que, por tanto, la niña debería explorar ese espacio igual que exploraba todo lo que palpaba con los dedos. Pero, al informar-

nos sobre la malicia con la que estaba diseñado lo tecnológico, no podíamos más que ponernos a la defensiva. Aunque
nunca lográsemos defendernos del todo.

Ver aprender a hablar a Candela era la cosa más bonita que
había visto en mi vida. Era una belleza y un misterio y un
poema. Decía frases que eran cordilleras nevadas. No se le
entendía nada, pero debajo parecía haber una prosodia, una
sintaxis primitiva, un significado tal vez. Todo eso eran las
montañas, echas de roca muy dura, ahí debajo, pero por encima de esas montañas había una gruesa capa de nieve que las
deformaba y las hacía invisibles. Una capa de nieve que des-
figuraba el lenguaje. Poco a poco esa nieve se iría derritiendo
y el lenguaje de Candela, como las cimas de la cordillera Cantábrica, iría emergiendo nítido y comprensible.

—Ararara rarero aaa aeeeooo eooo rareoooooo.

Daba mucha risa. Era encantador escucharla decir aquellas
frases de incógnito. A veces cogía los cuentos y simulaba que
leía, tal y como nos veía hacer a nosotros. Iba pasando las
páginas y diciendo:

—Eeerrreee laaalaaaleeeeee leeeaaaeeeeee.

Candela estaba conquistando el lenguaje, ese que utilizaba para hablar con no sé quién a través de los objetos que
consideraba unilateralmente teléfonos. Me recordaba a esa
cita de *Cien años de soledad*: «El mundo era tan reciente que
muchas cosas carecían de nombre, y para nombrarlas había
que señalarlas con el dedo». Candela había dejado de señalar
las cosas con el dedo y había empezado a tratar de invocarlas
mediante las palabras.

Al principio, mucho antes, Candela empezó diciendo mamá y papá, como todo el mundo, aunque sin saber a qué se refería cada palabra: simplemente se trataba de las sílabas más fáciles de pronunciar. Con el tiempo iría asociando el *mamá* a Liliana y el *papá* a mí, y entonces, después de ese breve impasse de desconcierto, ya seríamos su mamá y su papá, seríamos sus padres y viviríamos la intensa emoción de ser reconocidos como tales por la interesada.

Las palabras iban brotando: los cuentos era los «pentos». El elefante era el «pante». Cuando quería que nos tumbásemos con ella, porque durante una época se aficionó a que nos tumbásemos con ella, nos decía «a pumbar, a pumbar», señalándonos con la manita el lugar donde debíamos «pumbarnos». A veces era en casa y a veces en las plazas: cuando juegas con un niño puedes saltarte bastantes convenciones sociales sin llamar demasiado la atención. Por lo demás, Candela era bastante mandona. También desarrolló una gran afición a encontrar por la calle lugares de su tamaño donde sentarse, mayormente escalones o poyetes a la entrada de portales y establecimientos. Cuando los hallaba se le iluminaba la cara, se ponía muy contenta al descubrir que ya había lugares de su medida. Así que se sentaba y nos invitaba a sentarnos a su lado, aunque apenas nos cupiese el culo:

—A sentááá, a sentááá —decía.

Era bonito ver cómo iba adquiriendo el lenguaje, en base a esas estructuras gramaticales innatas que dicen que tienen los niños y que les permiten aprender con una facilidad imposible para los adultos. Candela iba aprendiendo castellano sin necesidad de cursos *online* ni libros de ejercicios, de una manera natural e imparable. Alrededor, algunos padres se esforzaban en hablar a los niños en inglés para fomentar su bilingüismo, y parecía buena idea: no tendrían que pasar por ese aprendizaje de la lengua franca por el que pasamos todos y que no siempre acaba de forma satisfactoria. Pero, aunque a veces yo también lo intenté, no duré mucho en mi empeño. La lengua de Cervantes, hablada por no sé cuántos millones de personas, la mejor para hablar con Dios, como presumen sus propagandistas, acababa abriéndose paso inevitablemente. Tampoco sabíamos si tenía sentido aprender inglés de un no nativo y nos hacía gracia ver a padres dirigirse a sus hijos en un inglés macarrónico. Saldrían hijos que hablasen inglés macarrónico como lengua nativa. Pero algo es algo, en España siempre habíamos sido cosmopaletos riéndonos de los acentos imperfectos, cuando lo importante, como sabían en otros países, era comunicarse. Seguramente estar expuesto a la lengua, fuera como fuese, facilitaba su aprendizaje.

Candela comenzó a reconocer las partes de su cuerpo y a nombrarlas: las manos, los pies, el culo, la nariz. ¿Dónde está la nariz de Candela? Y se la señalaba muy satisfecha. Decía «¡pumba!» cuando arrojaba los juguetes al agua de la bañera y «¡catapum!» cuando tiraba cualquier cosa, porque le encantaba tirar cosas por ahí, consiguiendo coordinar el movimiento del brazo y la mano, y volviéndonos locos con el desorden. Así que le enseñábamos a recoger y ella decía «a guardar, a guardar» mientras volvía a colocar las cosas en su sitio. Durante un tiempo se dedicó a nombrar no a las cosas presentes, sino a las que no estaban: «Mamá no, mamá no», decía cuando su mamá estaba en otro sitio. Parecía aprender de manera exponencial, cuanto más hablaba más rápido aprendía, hasta llegar a eso que llaman la «explosión del vocabulario», cuando ya iba cogiendo al vuelo palabras aquí y allá, como quien caza mariposas, y repitiendo casi perfectamente algunas frases que decíamos, sin saber lo que estaba diciendo. Me llamaba la atención cómo aprendía palabras de los cuentos, pero luego su cerebro sabía pasar del dibujo bidimensional al objeto tridimensional. Es decir, ya era capaz de diferenciar entre una cosa y su abstracción. No siempre lo hacía correctamente. Un día vio un perro blanco con manchas negras por la calle y dijo, con su vocecita tan aguda:

—¡Mira, mamá, una vaca!

Iba aprendiendo por imitación y a través de la repetición. Yo me iba imaginando cómo su cerebro se iba moldeando mediante la experiencia, cómo aquí y allá se iban formando nuevas conexiones cerebrales. Me daba vértigo pensar en la importancia de nuestro comportamiento, que serviría de modelo a Candela para toda su existencia. «Los padres tienen que dar la mejor versión de sí mismos», había leído en un manual, y esa idea constante, y no solo con respecto al lenguaje, acrecentaba la responsabilidad. Comenzaba esa fase en la que había que tener cuidado con lo que se dice delante de los niños, porque ya lo entendían y, sobre todo, porque lo repetían, lo que podría provocar situaciones incómodas ante otros adultos.

Conocí la obra del poeta estadounidense Kenneth Koch, que se dedicaba a enseñar en las bibliotecas públicas de Nueva York la poesía a niños algo más mayores que Candela. Resulta que Koch, un hombre sonriente que escribía poemas profundos y divertidos, no le ofrecía a los pequeños poesía infantil, sino poemas de algunos de los autores más complicados, como T.S. Eliot, William Carlos Williams, Wallace Stevens o John Ashbery. Poemas que a los adultos nos resultan difíciles de comprender y que, por ello, a mucha gente no le resultan agradables: ¡es que no se entiende nada! El hallazgo de Koch fue que los niños entraban perfectamente en esas poéticas, porque los niños todavía no estaban dominados por la dictadura del significado. No les importaba tanto qué significaba el poema, sino las imágenes que sugerían, su sonoridad. No como un texto solemne, como tantas veces los consideramos los adultos, sino como un juego. «Un hombre y una mujer son uno. Un hombre y una mujer y un mirlo son uno», había escrito Wallace Stevens. «El único emperador es el emperador de los helados», también había escrito. Versos que para un adulto suponen un reto, pero que, para un niño, con su lógica borrosa y surreal, pueden suponer una diversión. Me moría de ganas de que Candela creciera un poco y poder enseñarle los poemas más raros.

—¡La luna con pelo! —decía la niña—, ¡papá se llama papá!

La conquista del lenguaje daba nueva dimensión a la existencia de Candela. Ya no era un muñeco que estaba ahí, recibiendo nuestros mensajes, tratando de expresarse precariamente con llantos y sonidos, sino que empezaba a elaborar su propio discurso. Había alguien dentro de su cuerpo, estaba ella ahí dentro diciendo sus cosas a los que la escuchábamos. Ya era más persona. Hasta sabía nombrar las cosas fascinantes que salían del Microondas Mágico. Y como persona, empezaba a verbalizar sus deseos, que eran todos, porque Candela era una máquina deseante. «Quiero pasta». «Quiero pintar». «Quiero jugar». «Quiero pumbar». «Quiero agua». Lo quería todo, todo el rato, y nosotros le dábamos lo que quería, en la medida de nuestras posibilidades, porque también debíamos empezar a transmitirle que no podía tenerlo todo en todos los casos. Que el mundo no se iba a doblegar siempre a sus deseos, por mucho que los expresara. La diferencia entre el lenguaje y el mundo. La inexistencia de los sortilegios de la magia.

Yo había sido un niño muy «formal». Silencioso e introvertido. Más que andar berreando por ahí, sembrando el caos infantil, solía permanecer ensimismado, más atento a mis cosas que a los alrededores. No era amigo de enredar con otros niños. En las celebraciones me gustaba quedarme al lado de mi madre, con los mayores. Mientras ellos hablaban de cosas que no entendía, yo jugaba con los palillos mondadientes, creando intrincadas estructuras. Los mayores me revolvían el pelo y decían:

—Este Sergio qué formal es.

Y aquel Sergio se sentía orgulloso.

No sé por qué era tan «formal». La psicoterapeuta me sugirió una causa: la experiencia de un padre problemático me hizo generar un modelo de apego ansioso que me hacía necesitar la cercanía de mamá. Complacer a los demás para obtener a cambio su cariño. Ser «bueno» para ser aceptado. Odiaba resultar molesto, generar conflictos, pedir ayuda o ser objeto de lástima, lo seguí odiando de mayor. Si entonces ser formal me parecía un orgullo, visto desde la edad adulta me parecía una disfuncionalidad.

Rememoré mi formalidad infantil cuando publiqué un artículo sobre la «niñofobia y la privatización de la infancia»,

donde reflexionaba sobre el encaje de los niños en el espacio
y la vida pública, sobre cómo están pensados los mercados
o los restaurantes, sobre si las ciudades están dedicadas a la
reproducción o más bien exclusivamente a la producción.
Allí citaba un párrafo de la escritora italiana de origen soma-
lí, Igiaba Scego, que había entrevistado poco antes. «En So-
malia los defectos se hacen tan grandes como montañas, pero,
al menos, los somalíes saben cómo acoger a un niño. Aunque
tú lo traes al mundo, hay una comunidad entera dispuesta a
ocuparse de él. No es una decisión individual, sino colectiva.
Cada recién nacido recibe el abrazo de mil manos distintas.
Pese a todas las dificultades de la guerra y la inmigración, eso
aún pervive entre los somalíes. Un hijo nunca es un asunto
privado».

   ¿A quién le debe incumbir la existencia de los hijos? Por
aquellas fechas había saltado a la prensa un curioso caso
ocurrido en el mercado de abastos de la Cebada, que langui-
decía en el madrileño barrio de La Latina. Se trataba de un
minúsculo conflicto entre los vecinos que algunas tardes llevaban allí a sus hijos a corretear y la cooperativa de comerciantes que quería echarlos o recluirlos en una sala (llamada
Los Pulpitos) porque molestaban.

   Cuando Liliana estaba embarazada había comprobado
que no todos los hosteleros estaban dispuestos a cederle el
aseo, ahora era los comerciantes lo que pedían que los niños
no estuvieran enredando porque, con sus juegos y cánticos,
dificultaban el ejercicio de la compraventa. Casi los consideraban un pequeño grupo terrorista, según lo describía el
periodista Antonio Villarreal en *El Confidencial*, y hasta ponían el pretexto de la seguridad de los pequeños, que se podían

accidentar de mil formas extravagantes. Contaban historias de horror cósmico: «Hemos llegado a encontrarnos un bebé con pañales solo en el parking». En el otro bando, las madres y los padres denunciaban lo que consideraban un flagrante episodio de niñofobia, y hasta de «apartheid infantil». El conflicto había tomado tintes trágicos: unas niñas tuvieron que ser «dispersadas» por los vigilantes cuando «jugaban a las palmitas» en una esquina.

No abundaban en la ciudad los espacios para los niños más allá de los parques y algunas plazas no demasiado duras y agrestes. Estas, auténticos mares de cemento, eran las que abundaban, gélidas o ardientes según la época del año, sin sombra ni bancos, más pensadas para poner mercadillos y promociones comerciales de grandes empresas que para posibilitar la vida de los vecinos. Los parques, según había comprobado, eran algo así como una reserva india a la que llevar cada tarde a los niños a desfogarse y sociabilizar en un espacio seguro. Yo, de niño, los odiaba. Nunca quería ir a los parques. Me parecían la jungla, un espacio de salvajismo infantil (yo era muy formal, insisto), prefería ir a casa a leer en el sofá, a ver los programas infantiles que ponían por la tarde en la tele, a comer magdalenas empapadas en Cola Cao. A muchos padres tampoco les gustaban los parques, por el esfuerzo de socialización con otros padres que implicaban: tener hijos tenía una importante e inopinada dimensión social en la que solían implicarse con más ímpetu las madres. Eran ellas las que solían formar corrillos en los columpios, organizar quedadas o poner en marcha útiles grupos de WhatsApp sobre crianza. Liliana participaba en un grupo de madres potentísimo, donde sucedían conversaciones muy sesudas y donde se podía encontrar información y apoyo respecto a casi cualquier cosa.

Aunque de niño aborreciera los parques, con su potito de frutas, su moratón y su plátano de Canarias, ahora me gustaba ir algunas tardes a ver disfrutar a Candela. Los parques parecían el último reducto en el fragor de la urbe donde podían estar tranquilos los niños, las personas mayores, los enfermos, los pobres, los borrachos, los animales domésticos. Eran como la cara B de la desatada civilización contemporánea donde comparecían cada tarde los que no podían o no querían competir. En los alrededores de nuestro barrio había algunos parques, y también muchos parques infantiles, breves islas mullidas en mitad del asfalto donde se repetían las mismas construcciones: esa especie de colorido castillo por cuyas paredes trepar y por cuyos puentes transitar, con sus toboganes y columpios, y sus vallas arco iris alrededor. Candela empezó a distinguir estos espacios desde muy pequeña y desde una distancia sorprendente. Desde su carrito reclamaba con ansia «¡allí, allí!», como el náufrago harapiento que avistaba una nave en el horizonte. Al columpio lo llamaba «ulunto».

Más allá de estas reservas indias, no había esa «alegría infantil en los rincones de las ciudades muertas» que cantaba Antonio Machado, «algo de nuestro ayer, que todavía vemos vagar por estas calles viejas». El conflicto en el mercado de la Cebada evidenciaba el difícil encaje de la infancia en el espacio público y su reclusión progresiva en el ámbito de lo privado. ¿Dónde poníamos a los niños? Los niños no eran un asunto privado, pensaba yo. A todos nos debían incumbir, porque todos habíamos sido niños y los niños de ahora eran los adultos del futuro. A muchos ciudadanos les costaba entender la dimensión temporal de la existencia, por eso con frecuencia no se toleraba a los más mayores o a los más jóvenes, por eso había incomprensión y edadismo, sin caer en la cuenta de que esos otros, esos que tenían otra edad, éramos nosotros mismos en diferentes momentos de la vida.

Numerosos lectores reaccionaron a mi artículo, y no pocos hicieron hincapié en un argumento muy extendido: que era bueno que los niños conviviesen con los adultos, siempre y cuando los padres los tuvieran bien educados. Este argumento, que era bienintencionado, porque eximía de responsabilidad al niño (también se usaba con los perros), no llegaba a convencerme. ¿Qué era exactamente un niño bien educado? Entendía que un niño no debía ejercer ese terrorismo mocoso que algunos les atribuían. Condenaba sus patadas indiscriminadas a desconocidos, sus escupitajos en las caras, su destrucción sistemática, sus palizas a otros niños. Pero sospechaba que algunos de los que argumentaban que los niños tienen que estar bien educados iban más allá: lo que les molestaba era que los niños fueran ruidosos, que correteasen alocadamente o que, eventualmente, generasen algún desperfecto. Consideraban que el buen niño, el niño bien educado, era el niño «formal» que yo fui. El niño que no se comportaba como un niño, sino que se comportaba como un adulto.

La buena convivencia, creía yo, no consistía en tener a niños domesticados, sentados muy rectos, jugando con palillos mondadientes mientras los mayores hablaban de sus cosas incomprensibles. La correcta convivencia sucedía cuando los adultos se comportaban como adultos. Es decir, cuando entendían que los niños se comportan como niños. Probablemente parte de la violencia o el maltrato, físico o verbal, consciente o inconsciente, leve o grave, que se cometía contra los niños se debiese a adultos que no tenían la templanza, la madurez o el aguante necesarios para comprender que los niños son como son. Y que es así como deben ser. Los mayores podían adaptarse, pero a los niños les era imposible resistirse a su naturaleza, y a ella debían entregarse, dentro de los límites razonables que les pusiésemos, con ese cariño y esa firmeza a los que siempre apelábamos.

En tiempos del movimiento antiglobalización, cuando, en el cambio de siglo, se protestó contra las grandes cumbres de economía internacional, en Seattle o en Génova, cogió fama el Black Bloc, los grupos de feroces anarquistas que se incrustaban en las grandes manifestaciones de la época, vestidos de negro de la cabeza a los pies, bien pertrechados para enfrentarse a los antidisturbios y ejercer la violencia revolucionaria contra sucursales bancarias o tiendas de Nike. Eran temibles, parecía que iban a dejar al capitalismo neoliberal en llamas (o eso le parecía a un chaval de veinte años) a las afueras de las grandes cumbres internacionales de Seattle o Génova. Yo lo seguía desde casa, antes de empezar el turno de tarde en la universidad, indignándome con lo que se decía en la tertulia mañanera del programa de María Teresa Campos. Aquella tertulia, como recordé en el periódico cuando falleció la «reina de las mañanas», fue la semilla del modelo televisivo actual, prácticamente dedicado al monocultivo de la tertulia política. Telefoneé alguna vez para entrar en antena y batirme en duelo con Curri Valenzuela, pero nunca me llegó el turno.

Siendo Candela pequeñita se celebró una gran manifestación en Madrid en defensa de la Sanidad Pública que la presidenta de la Comunidad, Isabel Díaz Ayuso, estaba desbaratando y que, al menos entonces lo parecía, iba a pasar a las páginas de la historia. Aquella mañana amaneció medio nublada y al asomarnos al balcón vimos una riada de gente que caminaba alegre por la calle Argumosa, con cánticos y pancartas, hacia la glorieta de Atocha. Nos unimos al flujo ciudadano con otras familias del barrio. El paseo del Prado se llenó de manifestantes que luego anegaron la plaza de la Cibeles y que dieron unas fotos aéreas impresionantes, aunque los gobernantes no pusieron fácil a los fotógrafos entrar al Ayuntamiento para tomar planos generales. No hubo un Black Bloc (era todo más bien blanco), pero sí un inopinado Baby Bloc, en el que estaba planeado que se reunieran los bebés, niños y progenitores para discurrir en un entorno seguro, no menos reivindicativo, pero sí un poco más tranquilo y alejado del crepitar de los tambores.

Un Baby Bloc, qué hallazgo, pensé. Imaginé a los *beibis* lanzando mocos contra los antidisturbios, cruzando en la calle sus carricoches a modo de barricadas, berreando hasta llegar a los oídos de la mismísima presidenta Ayuso o rompiendo los grandes ventanales de las franquicias textiles multinacionales para luego entrar a gatas a practicar el saqueo. Los destructores del Estado de Bienestar lo iban a tener claro con estos. Fuego y pañales: la Revolución en las calles.

—¡Sa-ni-dad pú-bli-ca! —se quedó coreando durante semanas el hijo de unos amigos, sin tener ni idea de lo que estaba diciendo.

Aquella caminata reivindicativa con carricoche nos hizo reflexionar sobre la presencia de niños en las manifestaciones. Había quien la criticaba como una forma de adoctrinamiento: un niño no sabe si está de acuerdo con lo que allí se reivindica, de modo que llevarle sería similar a imponerle una religión que no tiene por qué compartir o a esa cosa tan extraña que hacen algunos padres flipados en cuanto nace el bebé: afiliarle a su equipo de fútbol para que sienta los colores desde su más tierna infancia.

Yo no creía que fuera así. Candela no iba a la manifestación en calidad de manifestante sino en calidad de acompañante, como cuando yo acompañaba a mi tía Vicen a misa sin ser yo creyente. Una causa tan blanca y universal como la defensa de la Sanidad Pública me parecía apta para todos los públicos, casi una obligación ciudadana y moral. La pequeña Candela, que solo contaba quince meses, se lo pasó canica viendo aquel conglomerado de personas gritando no sé qué cosas y agitando al viento esos pañuelos blancos que, por una vez, no iban a servir para limpiarle las narices.

No se produjo una orgía de destrucción a manos de bebés violentos. Primero, porque no era ese el concepto: habíamos renunciado a la violencia. Segundo, porque, debido a la gran afluencia ciudadana que colapsaba las calles y el transporte público del centro de Madrid, siempre tan emocionante y engorroso, nos fue imposible alcanzar el Baby Bloc con la pequeña banda de bebés amigos procedentes de Lavapiés.

Debido al gentío y a las corrientes magmáticas en el seno de la manifestación, el Baby Bloc tuvo difícil mantenerse íntegro, su existencia fue efímera y acabó disolviéndose como una pastilla efervescente en un vaso de agua.

Eso no le restaba valor a la iniciativa. Tanto dentro como fuera del Baby Bloc había muchos niños y muchos padres manifestándose. Y gran presencia de personas mayores. Era lo normal: éramos los que más valorábamos la Sanidad Pública, porque estábamos en contacto directo con las alegrías y penas de los procesos corporales, los nacimientos, los crecimientos, las decadencias y las muertes. No como esos chavales insolentes que entonces tenían veinte años (solo entonces, ojo) y se creían invulnerables e inmortales, como yo me lo creía cuando alucinaba bellotas con el Black Bloc de los anarquistas antiglobalización.

—Mira, allí, rápido, ¡un *parangón*! —me decía Liliana.

Pero cuando yo miraba el parangón, como siempre, se había esfumado.

Liliana y yo teníamos juegos íntimos, bromas privadas, fantasías compartidas, un idioma propio lleno de ternura. Nos visitaban los elfos. Conocíamos a las nutrias de grandes incisivos. Teníamos peluches que nos hablaban a diario y a los que pagábamos sin queja su parte del alquiler. Por la casa pululaban unos seres misteriosos llamados *parangones* que eran difíciles de avistar, porque se movían rápido, se escondían pronto y no sabíamos a ciencia cierta qué aspecto tenían, ni qué pretendían de la vida con nosotros.

Un *coach* de medio pelo diría que vivíamos en estrecho contacto con nuestro niño interior. Estábamos contentos porque, cuando llegase Candela, viviría en este mundo fantástico.

—¡Esa niña va a pensar que los peluches hablan! —decía Liliana.

Habitar ese mundo nos hacía felices. Yo había visitado años antes a un conocido payaso francés en su finca de las afueras de París. Era un maravilloso espacio de fantasía, y los hijos de aquel payaso, que ya eran adultos, se habían criado en aquel lugar mágico, lleno de burbujas, disfraces surreales, zapatos colgando de los árboles y salones de té a la orilla de un río. Salvando las distancias, pensaba yo, Candela se criaría en un pequeño espacio de fantasía recluido en un pequeño apartamento de Lavapiés.

Las cosas no fueron tan sencillas.

La llegada de la niña lo trastocó todo. La logística tomó por completo las conversaciones.

—Pon eso ahí.

—Hay que comprar tal.

—¿Llamaste a aquel?

—Falta esto.

El cansancio y la desesperación ante las interminables tareas colaboraban a hacer la situación más tensa. Liliana estaba agotada por dormir a trompicones, o apenas dormir, en un ciclo inevitable que sabíamos que iba para largo. No había espacio, ni tiempo, ni ganas para las bromas y las ternuras. Se iba disolviendo la magia. Nos convertíamos en *muggles*.

No era infrecuente que las parejas se distanciasen o se rompiesen al poco de nacer los hijos, con más razón en una

época en la que los vínculos personales eran más líquidos y
estábamos acostumbrados a cambiar sin mayor problema
una cosa por otra en cuanto se presentaba la menor contra-
riedad; ya fuese la serie de Netflix, las zapatillas deportivas o
el amor de nuestras vidas. En mi infancia había soportado
conflictos y escándalos. Pasé mis primeros años escuchando broncas, figurando en mitad de disputas en las que se me
tiraba de un brazo y otro, como un trofeo a repartir, avergon-
zándome del comportamiento de papá cuando venía un día
borracho a buscarme al colegio (y los profesores tenían que
esconderme en las cocinas) y otro día llevaba a juicio a mi
madre para quitarle mi custodia (luego se presentaba ante el
juez con la ropa de anoche y oliendo a ginebra).

No todas las parejas separadas son tan disfuncionales
como lo fue la de mis padres. Hay padres que llevan vidas
paralelas, con nuevas parejas y con los hijos de esas parejas,
generando una situación civilizada, e incluso enriquecedora.
La experiencia de los hijos no tiene por qué ser traumática.
Pero yo quería darle a Candela una infancia como la que yo
no tuve. Que Candela tuviese una amantísima madre, pero
también un padre presente, seguro, entregado y fiable con el
que pudiera disfrutar y en el que pudiera apoyarse para entrar
en el mundo. Y que no tuviese que escuchar aquellos gritos
y violencias cotidianas que todavía resuenan dentro de mi
cráneo como un eco eterno.

Estaba seguro de que una de las maneras más esenciales
de cuidar a una hija era cuidar de la pareja en la que esa hija
nace. Cuando pensábamos en cuidados solíamos pensar exclusivamente en aquellos que se dirigen a la criatura, pero
no tanto en los que se dirigen a los propios progenitores,

como pareja y como individuos. Al cuidado de mí mismo, de nosotros mismos.

Son curiosos los motivos por los que elegimos una pareja. Cuando alguien nos gusta y nos remueve el corazón, y nos trastoca la posición de las vísceras y no podemos pensar en otra cosa; no estamos pensado en la procreación, al menos conscientemente. Los científicos nos contaban que a la hora de emparejarnos nos fijábamos en las características que hacían a la otra persona atractiva para la crianza: cuando alguien nos resultaba atractivo, estábamos eligiendo su genoma. En un plano cultural, sin embargo, lo que perseguíamos, al menos si éramos lo suficientemente jóvenes, era hacer un *road trip* por la costa de Cádiz y acabar en cualquier cala mirando cómo el sol se hunde en la línea del Atlántico, tener sexo salvaje con una frecuencia bastante superior a la media o ir al cine y después a cenar a un sitio con encanto (para después regresar al sexo salvaje). Nadie se imaginaba firmando una hipoteca ante el director de la sucursal cuando admiraba el fulgor de los ojos de su enamorado.

—¡No puedo vivir sin ti!

La pareja se presentaba como una cuestión de romanticismo más que de biología, economía o logística. Las familias históricas de noblezas y dinastías, que pretendían mantener títulos, aunar territorios, evitar guerras, siempre estuvieron más concernidas por la utilidad de las uniones conyugales que las gentes del vulgo, que solo queríamos pasarlo bien. El amor no tenía para nosotros una utilidad práctica. Es más, conceptualizar el amor como una herramienta para otros menesteres significaba arrebatarle su poesía. Nos emparejábamos con gente que nos parecía guapa, que nos fascinaba intelectualmente, que nos excitaba sexualmente, con la que nos reíamos paseando por las tardes y al lado de la que lucíamos bien en las fiestas. Establecíamos así una profunda conexión espiritual.

Era una de las cosas más hermosas de la existencia, como nos repetían miles de comedias románticas y melodramas, y algunas de las mejores canciones de la historia del pop, del soul o del rock. El amor, el amor romántico, era uno de los grandes temas de la cultura occidental. ¿No sería triste enamorarse apasionadamente de alguien porque tiene pinta de ser muy hábil cambiando pañales o muy responsable preparando planificaciones semanales de menús para bebés? La prosaica realidad biológica era que Liliana y yo, sin ser conscientes, nos habíamos emparejado, ocho años antes de que Candela naciese, para combinar nuestras cargas genéticas y dar lugar a un nuevo genoma, diferente de los nuestros, y que podría tener mejores capacidades para adaptarse al entorno, sobrevivir y transmitir su carga, su fuego, a la siguiente generación.

Cuando llegó la prole, cambió el matiz, y la crianza lo ocupó todo. Se mezclaban los miedos con el cansancio, el estrés y las pequeñas frustraciones que producía aquel giro de guion tan radical que hacía que nuestras vidas gravitasen ahora en torno a aquel pequeño animal sonrosado. Algunos padres se veían afectados por la nueva relación que se formaba entre la hija y la madre, y de la que, en cierta forma, se veían excluidos. En las clases de parto la matrona lo había escenificado de forma algo terrorífica con tres figuras de PlayMobil: la madre, el padre y el pequeño hijo. Los había colocado en fila, mirando al frente, y luego había girado a la madre hacia el hijo, dándole la espalda al padre. En la vida cotidiana, el prodigio de la lactancia también dejaba al padre en un notorio segundo plano que a algunos les costaba aceptar. Según la matrona, lo que tenía que hacer el muñeco de PlayMobil que representaba al padre era colocarse tras la madre, volcada en el hijo, aunque esta le diera la espalda. Así debía mostrarle su apoyo, haciendo de red de seguridad. Con el tiempo, el PlayMobil de la madre, crecido el hijo, volvería a girarse hacia el del padre.

Yo no lo experimenté como una marginación. No sentí celos de la relación entre la pequeña Candela y Liliana, sino todo lo contrario: me sobrecogía observarlas. Estaba emocionado y sentía presagios cósmicos. Escribía con frecuencia sobre ello y eso me hacía sentir parte de aquella historia, al menos como testigo y divulgador de la buena nueva. Más adelante, cuando Candela pasaba del año y medio, vivió etapas de eso que se llama despectivamente *mamitis*: todo el rato demandaba a la madre y, en algunas ocasiones, llegaba a rechazarme. No era un plato de gusto, pero tampoco llegó a traumatizarme porque había leído muchos megabytes sobre esta etapa y estaba prevenido. Con el tiempo, como estaba previsto, a Candela se le pasó esa querencia exclusiva por su mamá y abrió el juego del cariño a toda la familia. Lo que sí percibía era que la presencia de Candela estaba girando las cosas hacia otros centros de gravedad y que nuestra relación ya no era la misma. Los dos muñecos de PlayMobil grandes ya no se llevaban igual.

Liliana y yo habíamos practicado con antelación la terapia, tanto individual como de pareja; así que al menos gozábamos de cierta templanza y capacidad para observar las situaciones desde fuera, aunque luego no fuéramos capaces de resolverlas. Era necesario evitar las discusiones y rencores velados fruto del reparto de las tareas, siempre tan complejo, y que íbamos arrastrando. Así que propuse hacer un reparto de tareas exhaustivo. Aunque yo me esforzaba cada vez más en estar al quite y sacar adelante el máximo de tareas, Liliana seguía teniendo la sensación de que soportaba una carga mayor. Lo cierto es que era imposible llegar a un reparto al 50 por ciento del peso de la crianza. La madre, por su implicación psicológica y emocional, sobre todo si es lactante, siempre llevaría un poco más de esa carga. La teoría de la relatividad de Einstein permite acercarse todo lo que uno quiera a la velocidad de la luz, pero nunca alcanzarla del todo. Es una de las leyes fundamentales que dan sentido al universo. Aquí ocurría algo parecido. Había un matiz en la maternidad, además de una exigencia personal y social, que no existía en la paternidad.

Paradójicamente, y según se denunciaba con frecuencia, un padre que se ocupase de su hija era considerado un tipo enrollado, un hombre comprometido, casi un héroe, mientras que la implicación de la madre se daba por descontada y no merecía reconocimiento. Solo parecía llamar la atención cuando brillaba por su ausencia. Hacerlo bien era lo esperado y, como tal, pasaba desapercibido. El lenguaje lo reflejaba: aunque era común el término «padrazo» para referirse a esos hombres comprometidos, no lo era el término «madraza», para referirse a las madres que daban la vida por sus hijas. Prácticamente todas.

Intentamos hacer un reparto lo más equitativo posible. Pensaba, imbuido de una especie de pensamiento ilustrado, que la organización racional nos ahorraría problemas. Escribí «mamá» y «papá» en un folio con las ceras de colores de Candela, con tipografía muy vistosa y colorida, parecía un juego infantil; luego con un lápiz nos fuimos repartiendo las tareas una por una, hasta las más obvias: hacer la compra, sacar la basura, estar al tanto de la ropa de la niña, poner el lavavajillas, planificar el menú semanal, cocinar, bañar a Candela tales días o darle de cenar tales otros. Se tenía en cuenta, por supuesto, la mayor tarea, la que realizaba Liliana dándole el pecho a Candela en las noches terribles. Pero para mí era importante no dejar ninguna pequeña tarea al azar, nada al albedrío, porque si dejábamos algo sin planificar, por las dinámicas heredadas, lo más probable era que Liliana lo acabara haciendo.

Lo esencial de este reparto escrito en un folio, como las Tablas de la Ley que Moisés bajó del Sinaí, más allá de la mera cuestión organizativa, es que generaba una sensación de justicia. A partir de ese momento ninguno de los dos realizaría una tarea reconcomiéndose en silencio porque el otro no la estaba haciendo. Se acabaría el agravio. De hecho, ni siquiera conseguimos realizar las tareas tal y como se especificaban en la lista, porque la realidad, con sus enfermedades, turnos, viajes, fechas de entrega, empleos o desempleos, acababa desbordando la planificación racional. Pero ese contrato, aunque no se cumpliese a rajatabla, colgaba de la nevera como un sencillo hito civilizatorio, como una muestra de la voluntad de llegar a buen puerto. A mí me producía orgullo, y las discusiones y rencores por cuestiones domésticas mermaron notablemente.

Si actuábamos con racionalidad respecto a las cuestiones prácticas, también nos preocupábamos por las emocionales.

A mí, que no estaba tan absorbido por la lactancia, me afectaba el déficit de cariño y fantasía en la relación, pensaba que habíamos arrojado todos nuestros mimos sobre la niña sin reservar ninguno para nosotros. De modo que nuestra cotidianidad se había convertido en un intercambio de comentarios, peticiones y conversaciones de orden práctico. Un intercambio eficiente y civilizado, en parte gracias a las Tablas de la Ley de la nevera, pero también falto de alma. Se nos ocurrió, como solución, no «despachar» después de las doce del mediodía. Era imposible. La conversación siempre volvía a emerger como emergen las burbujas en el agua.

—¡Deja despachar que son las tres y estamos comiendo!

La solución aquí no era tan racional. No tenía sentido elaborar una tabla de horarios para hacernos carantoñas o compartir ternuras. No era una cuestión de actividad, sino de clima. No conocía el remedio para recuperar la intimidad en mitad de la vorágine. Supongo que bastaba con hablar de ello y tratar de otorgar a las cuestiones logísticas su justa importancia. Conseguir un equilibrio. A veces, sin embargo, nos visitaban los elfos.

Un día, Candela se irguió y se puso a andar. Caminaba muy gracioso, lanzando las piernas hacia delante, sin mesura, a trompicones, como una pequeña soldadita mecánica. Nos moríamos de amor.

—¿Andará siempre así? —se preguntaba Liliana.

La niña se partía de risa cuando caminaba, como si fuera un chiste. Aunque, más que gracioso, era emocionante darle las manos y acompañarla en sus primeros pasos, en el enésimo momento histórico que presenciábamos. No se daba cuenta de que aún era torpe, así que avanzaba con orgullo, surcando el parquet como el capitán Cook explorando los mares del sur. A sus veinte meses tampoco era consciente del hito cósmico, de la proeza que estaba realizando, una proeza que, no por común, porque todos aprendemos a andar, era de menor magnitud. El acto de caminar implicaba varias áreas del cerebro, como el cerebelo, la corteza motora o el tronco encefálico, que coordinaban la actividad de los músculos y lograban el equilibrio, la postura correcta o el movimiento de las piernas. Caminar era una danza muy particular. Por eso los humanos, aunque habíamos conseguido fabricar máquinas que nos superaban en actividades tan cerebrales como el cálculo o el ajedrez, todavía no habíamos conseguido fabricar un robot que caminase con credibilidad y fluidez. Liliana y yo habíamos hecho a un pequeño ser que sí caminaba.

Las personas comienzan a andar pronto en sus vidas individuales, pero como especie comenzaron hace mucho: aquellos homínidos que hace unos seis millones de años bajaron de un árbol perdido en la sabana africana y comenzaron a desplazarse sobre sus dos pies. Tuvo enormes consecuencias para el devenir del planeta: al caminar erguidos, pudieron utilizar las manos para manejar herramientas, lo que colaboró a la mejora de la caza, de su supervivencia, de su alimentación y, en fin, al desarrollo de su cerebro. Y de su inteligencia. Ahora, gracias a aquellos primeros pasos, fabricábamos *smartphones*, bombas atómicas y esferificaciones de raviolis. A cambio, sufríamos la tragedia de ser conscientes de nuestra propia finitud. No había que olvidar otras inno-

vaciones que trajo el bipedismo: el *moonwalk* de Michael
Jackson o los espasmos andarines de Chiquito de la Calzada.

La bipedestación provocó un fenómeno netamente humano que a Candela, aunque tampoco lo supiera, le había
afectado desde que nació. Si bien las crías de otras especies
nacían más desarrolladas y autosuficientes, las crías humanas,
una vez nacidas, necesitaban tiempo para desarrollarse fuera
del útero. El canal del parto de las madres humanas era más
estrecho, las crías nacían más pequeñas y, por tanto, con un
cerebro menor. Y la razón por la que ese conducto para asaltar
el mundo era más estrecho era porque caminamos erguidos.
Nacíamos desvalidos porque caminábamos. No solo eso: por
nacer desvalidos y necesitar cuidados, así como por acabar de
formarnos fuera del vientre materno, nuestra especie había
desarrollado una mejor disposición al vínculo afectivo y al
aprendizaje social. Nuestra conexión con los demás, aunque
los necios individualistas se resistieran a aceptarlo, era fundamental. Y eso era porque íbamos andando por ahí.

Candela lo ignoraba infinitamente. Solo quería caminar, que la dejásemos en el suelo y avanzar por su propio
pie, aunque tardásemos dos horas y cuarto en llegar a un lugar
que estaba a diez minutos. Su andar era errático, exploratorio
y precario: con frecuencia se caía al suelo, frenaba su caída
con las manos y volvía a levantarse, como se sugería con tanta insistencia en los libros de autoayuda que triunfaban entre
los adultos. Candela ya podía ser *coach*, y solo contaba unos
meses. Viéndola avanzar por las aceras ya nos costaba recordar
cuando aún no se movía en absoluto, el día que consiguió
darse la vuelta por primera vez, aquellas navidades tan tristes,
o el día que se puso a gatear y que nos parecía tan raro, como

si la niña se hubiera convertido en un bichejo que pululaba por ahí. Recordaba, eso sí, la cara de agradable sorpresa con la que Candela recibió su propio gateo, esa nueva conquista en su autonomía. Por lo demás, parecía que cada nueva configuración de Candela iba debilitando, misteriosamente, el recuerdo de las anteriores. Más adelante, la niña sofisticaría el uso de los libros: ya no solo los tiraba de la estantería o formaba torres y montañas, sino que construía una especie de pasarela, de dos libros de altura, como de desfile de modelos, a la que llamaba «el camino», y caminaba sobre ese «camino» libresco con mucho cuidado, como un funambulista que transita concentrado por la cuerda floja.

Cuando Candela se puso en pie, el mundo también cambió para nosotros. Ahora era más alta que ancha y el panorama se llenaba de nuevos peligros: esquinas afiladas a cada paso, objetos rompibles sobre las mesas, lugares remotos antes inabordables y ahora plenamente accesibles. Ya alcanzaba con sus tiernas manitas más baldas de la librería, de modo que su capacidad de generar el caos libresco había crecido dramáticamente. Que Candela caminase me provocaba sentimientos encontrados. Por un lado, la alegría, pero, por otro, el temor a los miles de abismos y trampas que se abrían ante ella. Ya desde el nacimiento, Liliana y yo habíamos desarrollado unos potentes mecanismos imaginativos para predecir en nuestras cabezas, como si fueran breves vídeos de YouTube, las mil y una desgracias que se avecinaban en universos paralelos. Cuando íbamos a cruzar la calle siempre veía en mi cabeza el vídeo en el que Candela era atropellada por un camión, tan grande y ruidoso como el camión de la basura que tanto le gustaba mirar por la ventana al anochecer. Al enfilar las escaleras siempre veía en mi cabeza el vídeo en el que Candela se caía aparatosamente por decenas de escalones, como un muñeco, y se rompía la crisma. Al llevarla en brazos siempre veía en mi cabeza el vídeo en el que me tropezaba y nos dábamos un golpe contra el suelo y, una vez más, porque siempre acababa igual, Candela estallaba en mil pedazos. No estaba mal el nuevo superpoder: aquel mecanismo cerebral parecía ahí puesto por la naturaleza para que fuéramos precavidos y la niña sobreviviese y fuera capaz de entregar sus genes, su fuego, al futuro. Por último, si Candela era antes imperdible, ahora era muy perdible.

Temía con horror que la pequeña tuviese que pasar por ese tremendo trago por el que habíamos pasado muchos niños: extraviarse en el centro comercial y tener que ser anunciado por megafonía hasta que apareciesen tus padres, si es que aparecían. Recordaba borrosamente aquel día en el que me perdí, o me perdieron, en el Hipercor de Oviedo, y el desamparo que había sentido en aquel lugar tan familiar, miles de veces transitado, pero de pronto tan extraño, que se revelaba como un laberinto de latas de atún, bricks de leche y ropa deportiva barata, por el que no sabía volver a casa. Cómo de perdido está un niño perdido, sin teléfono, sin dinero, sin llaves, sin conocer los caminos, descubriendo la total dependencia que tiene de sus padres, como si hubiese sido abandonado en la selva. Al final algún adulto, no lo recordaba bien, me había visto extraviado, llorando, me había preguntado y me había llevado al mostrador de información hasta que mamá apareció. Había sido un final feliz, pero aún dolía aquella angustia.

A Candela le quedaba mucho por explorar. Seguía habitando un espacio de pocos metros de diámetro, sin imaginarse las tramas apasionantes que ocurrían más allá de donde le alcanzaba la mano. La diferencia es que ahora el centro de ese espacio se iba moviendo y abarcando nuevos horizontes, como cuando un explorador avanza en la noche con un farol en la mano. Como cuando se exploran las profundidades oceánicas, viendo solo unos metros más allá, lo poco que alcanza la vista. Candela seguía viviendo en un tiempo inmóvil, en una eternidad infantil, pero quizá eso cambiase pronto, porque, como se sabe desde Aristóteles, el tiempo es una medida del movimiento, y Candela ahora se movía mucho.

El héroe Héctor, hijo de Príamo, hermano de Paris, dejó la batalla y se recogió dentro de los muros de la Troya asediada, donde se reunió con su esposa Andrómaca y su hijo Astianacte.

Andrómaca, desesperada, le rogó que permaneciera en un lugar seguro dentro la muralla, a salvo, defendiendo la ciudad. Pero Héctor se negó: consideraba esa opción indigna de un guerrero: regresaría al campo de batalla. Se quitó el brillante y aparatoso yelmo de bronce con el penacho de crines, que tanto asustaba al niño, y lo depositó en tierra. Cogió a su bebé en brazos. Le besó y le elevó hacia el cielo, le ofreció a los dioses y, en un gesto inédito, pronunció unas palabras en las que le deseaba que tuviese un porvenir propicio en el que fuera poderoso y honorable. Es lo que le pedía a Zeus.

—Que de él digan: «Es aún mucho más valeroso que su padre».

Son palabras revolucionarias. Convierten a aquel niño en el hijo del héroe, sobre el que se deposita la esperanza de un tiempo mejor. Ya no hay entre padre e hijo envidias o celos homicidas, como se habían dado anteriormente en la historia. Héctor, guerrero y padre, intuía que iba a morir, y la escena es una forma dramatizada del adiós. Todo el palacio lloraba la muerte de Héctor mientras él aún vivía, en esa conmovedora escena del Canto VI de *La Ilíada*. Luego, Aquiles daría muerte al héroe y arrastraría su cadáver, atado a su carro, de forma indigna, por la llanura de Troya.

En esta escena, que el psicoanalista italiano Luigi Zoja describe como el «gesto de Héctor» en un libro homónimo, el troyano hace algo fuera de lo común en la cultura de la época: ver a su hijo no como un rival en el futuro, sino como alguien a quien desear un buen porvenir. Quitándose el yelmo para no asustar al hijo y elevándolo hacia el cielo, Héctor deja de ser guerrero y se convierte en padre. Es temido en la batalla con la misma fuerza que se teme al griego Aquiles, pero dentro de los muros se transforma en un padre amante y preocupado. Ese gesto, el de levantar al hijo hacia el cielo, se identificó culturalmente con la aceptación de la paternidad, y así se reconocía a los hijos en Roma. Porque entonces la paternidad se aceptaba. Si bien la maternidad era un hecho biológico irrefutable, pues el hijo brotaba físicamente de la madre; la paternidad era una construcción social y cultural. El padre tenía que decidir ser padre, tenía que saber que lo era, tenía que aceptar el cargo.

A Zoja le preocupaba la falta de especificidad de la figura del padre en la actualidad. El devenir histórico le había retirado de la educación de los hijos, ahora en manos del Estado, de la transmisión de un oficio, ahora ejercido en empresas al mando de otros, incluso de un correlato divino, el Dios Padre en el cielo. El padre había dejado de ejercer sus funciones psicológicas tradicionales («enseñar el sentido moral y social, la raíz de lo que es correcto e incorrecto») y también las materiales, delegadas en la madre o en alguna institución. Muchos se habían centrado en financiar a la familia sin estar en la familia. Se había dado el paso del cabeza de familia al *coparent*, es decir, el padre que compartía las tareas de la madre, pero que no parecía tener ninguna específica. A pesar de todo, esa corresponsabilidad nunca era demasiado elevada. Antes el padre iniciaba en el caballo o la bicicleta, ahora no era capaz ni de enseñar a jugar a los videojuegos. El mundo moderno había engullido al padre.

Cabía, pues, preguntarse qué era ser padre. A pesar de todos los aprendizajes y aventuras en esos dos años acompañando a Candela, yo todavía no lo tenía claro. Zoja, con su visión pesimista y conservadora sobre la deriva de la paternidad, criticaba la retirada del padre en las sociedades actuales: el padre se retiraba de las familias y abundaban los padres ausentes. La autoridad paterna se había diluido y democratizado, el autor estaba especialmente preocupado por algunas consecuencias de esa falta de autoridad: la proliferación de bandas callejeras, los grupos terroristas o el surgimiento de líderes políticos autoritarios, como los que tanto brotaban en la escena internacional.

Además, se daba una «paradoja del padre»: el padre debía actuar de una forma de puertas para fuera, con fuerza y resolución dentro de la competición social, y de otra forma de

puertas para dentro, practicando el amor a su familia. Como
Héctor. Pero había padres que, dentro de casa, todavía por-
taban la armadura y el yelmo que les separaban de sus hijos,
y los interiorizaban como una coraza íntima. Yo no me veía
así, tal vez porque me sentía poco identificado con la faceta
del guerrero: había carecido de una figura paterna. Pero entendía que esa paradoja que describía el psicoanalista podía
darse en todos aquellos padres criados a la sombra de figuras
paternas de potencia.

El gesto de Héctor me llevaba a pensar en cómo nos re-
lacionábamos los hombres con los valores tradicionalmente asociados a la feminidad. Y con el feminismo. Había hombres a los que el feminismo no apelaba en absoluto, algunas
veces porque sentían que les atacaba y les culpabilizaba de
grandes opresiones, otras porque amenazaba con quitarles
sus privilegios en tanto que hombres. Otros, más proclives,
preferían apoyar, pero a una distancia razonable. Era una
idea extendida en los ambientes progresistas que las mujeres
debían protagonizar el movimiento, y era cierto, pero la idea
podía llevar a cierta desconexión condescendiente. Que el
feminismo debiera ser protagonizado por las mujeres no
quería decir que no apelase en absoluto a los hombres. De
hecho, los hombres éramos el principal apoyo del patriarcado, de modo que estábamos en el corazón de las reivin-
dicaciones que planteaba el feminismo: de un modo u otro
teníamos que participar en el cambio. La teórica bell hooks
había titulado uno de sus libros con la frase *El feminismo es
para todo el mundo*, y allí sostenía que esas ideas debían ex-
tenderse no solo a mujeres de cualquier clase o etnia (había
detectado cierto predominio de mujeres blancas de clase

media), sino también a personas de cualquier género. También a nosotros.

El sexismo y el patriarcado, según estas corrientes, oprimían sobre todo a las mujeres, pero era sostenido tanto por unos como por otras. Por ejemplo, las diputadas de partidos de extrema derecha que defendían desde sus escaños una sociedad machista. Los hombres, en menor medida, también podían ser víctimas del patriarcado: esos a los que se les exigía un comportamiento machuno, a los que se les exigía fuerza, potencia y competición, rugir para no ser devorados (como se titulaba un libro de autoayuda neoliberal), esos a los que no se les permitía expresar sus sentimientos o tener determinadas orientaciones sexuales, esos que fueron y son, casi niños, enviados a morir como carne de cañón en las trincheras, en nombre de la masculinidad, la patria o el rey.

Ideas semejantes sostenían los expertos en nuevas masculinidades, como Ritxar Bacete. Las nuevas masculinidades, que podrían conceptualizarse, *grosso modo*, como unas masculinidades de corte feminista, consideraban que los señores también podíamos compartir los valores tradicionalmente asociados a lo femenino, remar a favor de la igualdad de género y ocuparnos de las tareas de cuidado. No era una idea tan popular como podría pensarse. Algunos movimientos reaccionarios reclamaban una masculinidad más machuna, asustados por la pujanza del feminismo. Por aquellos primeros meses de Candela se ponía en solfa en el debate público la figura del «hombre blandengue» tal y como la había popularizado el cantante José Luis Cantero, *El Fary*.

—Siempre he detestado al hombre blandengue —decía el que fuera taxista en un famoso vídeo de YouTube—. La mujer tampoco acepta al hombre blandengue. Además, la mujer es muy pícara... Yo lo que más valoro en esta vida es la mujer (...) Pero la mujer es granujilla y se aprovecha mucho del hombre blandengue. (...) Al hombre blandengue le detesto: ese hombre de la bolsa de la compra y el carrito del niño.

El «pedazo de tío» de toda la vida parecía estar disolviéndose en los nuevos tiempos para horror de los sectores más conservadores y machistas. Estaba por ver si ser «blandengue» era algo reprobable, pero, en caso de serlo, a mí me parecía mucho más «blandengue» el señor que pasaba olímpicamente de comprometerse con la crianza o en las tareas del hogar para pasar la tarde en el bar. Tareas, las de reproducción y cuidados, que requerían no poca «dureza». Muchos chavales blancos heterosexuales caían en las garras de la extrema derecha al no saber ubicarse en un mundo donde la masculinidad tradicional estaba en cuestión. Algunos se sentían frágiles y acababan refugiándose a la sombra de la bandera preconstitucional, del sobaco al viento de los ultras o de los canales de YouTube de *influencers* fascistas y conspiranoicos.

Las nuevas masculinidades también afectaban de manera radical a la paternidad. Se hablaba de las nuevas paternidades, aquellas en las que el padre se quitaba efectivamente el yelmo de bronce de Héctor, conectaba emocionalmente con sus hijos y se ocupaba de los cuidados. Esto no resolvía el problema planteado por Luigi Zoja sobre la falta de especificidad de lo paterno y sobre el retroceso de la autoridad de la figura del padre, pero aquí eso no parecía tener demasiada importancia.

Yo pensaba en un feminismo que apelara profundamente a los hombres: uno que buscase equilibrar los valores tradicionalmente masculinos, que parecían regir la sociedad capitalista y patriarcal, con los tradicionalmente femeninos, tal vez hasta que esa distinción dejara de tener sentido. Esta forma de ver el feminismo podría apelar a todo el mundo, como decía bell hooks. Una sociedad donde los valores tradicionalmente femeninos fueran centrales sería una sociedad más empática con la crianza y cuidadosa de las nuevas generaciones, una sociedad que eliminase muchas de las trabas a las que nos habíamos venido enfrentando desde que nació Candela, tanto materiales, como sociales o psicológicas. Desde las fuentes y las sombras en la calle hasta la conciliación de la vida familiar con el trabajo, pasando por todas las tribulaciones sobre cuál era nuestro papel como madre y padre en la crianza y en la sociedad.

Epílogo

En los últimos dos años me he hecho definitivamente adulto. He tenido una hija, he perdido a una madre, me han hecho un contrato indefinido y me han diagnosticado un comienzo de artrosis entre dos vértebras. Después de abrazar el cuerpo inerte de mamá, aquella mañana fría en la habitación de cuidados paliativos, me parece más prodigioso y frágil el relámpago de vida que estalla en Candela: esa consciencia de lo sumamente improbable también la veo como una muestra de adultez.

Cuidar a una niña me ha hecho entender que la existencia no es solo una persecución de objetivos o placeres inmediatos, que existen tareas, como las de cuidados, que a veces son gustosas, pero que muchas otras veces son tediosas y sacrificadas. Que es preciso frenar, tener paciencia, dedicarse a los otros: volverse cuidadoso. Sintiendo el suave calor de Candela entre mis brazos he percibido la vida contemporánea circundante como una carrera ridícula, llena de aspiraciones frívolas y ansias absurdas de escalar. También he notado que la vida tiene abundantes durezas en su parte central, donde nos hallamos ahora, aunque solo momentáneamente, porque Candela también me ha hecho reflexionar, más aún, sobre la fugacidad del tiempo, sobre todo lo único que se escapa cada día.

«El bienestar vital tiene forma de U», escribió el filósofo Kieran Setiya. Los máximos de felicidad se dan cuando uno es niño y cuando uno es mayor. La fase más baja de la U, la de mayor malestar, es la mediana edad. En esa estamos. Es en este periodo cuando uno tiene que ocuparse al mismo tiempo de los que le suceden y de los que le preceden: es el momento de transmitir el fuego. Es, además, la fase en la que se exige un mayor desempeño laboral, una mayor participación en la sociedad y, no lo olvidemos, mantener un ritmo envidiable de experiencias placenteras que mostrar en internet. Así sobrevienen el malestar, el estrés, la ansiedad, la depresión. Me reconforta pensar que, tan cronófobo, me esperan tiempos más agradables en la vejez, si es que la alcanzo.

Sin embargo, aunque esté en edad de ser uno de los pilares de la sociedad, me sigo sintiendo un *amateur*, un diletante, un niño. «Yo tampoco sé vivir, estoy improvisando», rapeó Kase.O, y esa es exactamente la sensación que albergo entre tanta duda y malabar. Cuando era un niño, administrativamente, también por la edad, pensaba que los adultos lo tenían todo bajo control: los políticos, los profesores, también los padres (excepto el mío). Pasados los años compruebo que no, que nadie tiene nada bajo control, y me conmueve la confianza que los pequeños tienen en nosotros. Habrá que disimular hasta que la pequeña descubra la realidad de nuestra impotencia y nuestro despiste.

Cuando juego con Candela tengo una sensación agridulce, sentimientos encontrados que no me permiten disfrutar del todo de su compañía. Por un lado, la felicidad; por otro, los miedos a las catástrofes, a que le pase algo, a que nos pase algo. A que, simplemente, pase el tiempo. El otro día, jugando sobre la alfombra con los 22 arcanos mayores del tarot Visconti-Sforza, apareció el Arcano 13. Habíamos sacado el Mago, el Colgado, la Papisa, la Templanza, la Rueda y entonces salió la Muerte, la única carta que no lleva nombre. Candela, después de mí, pronunció por primera vez la palabra muerte. No sabía qué era eso, se rio, se quedó tan tranquila y sonriente, y enseguida se dio cuenta de que en la carta se veía un esqueleto.

—¡Mira, e-queleto! ¡Mira, e-queleto!

Eso fue todo. Algún día tendremos que explicarle a Candela qué es eso de la muerte. Por el momento me conmueve esa inocencia, no solo alejada de la tecnología, sino también de su propia finitud. Los niños viven en un tiempo extático, los niños son eternos en su niñez. A veces intento imaginarme cómo será ser Candela, cómo será vivir en ese tiempo detenido, movida completamente por sus deseos y emociones. Es tan pequeña que no puede distanciarse de sus deseos: no existe todavía un espacio moral en el que tomar distancia para contemplar otras posibilidades.

Candela a veces menciona el nombre de su abuela Marisa y eso también me conmueve. Sé que no se acuerda, sé que lo hace porque nosotros se lo hemos repetido, porque vio desde el balcón, meses después del funeral, cómo un comprador se llevaba el «coche rojo de la abu» en una grúa por la calle Covadonga, un día, otro, que estaba nublado. Candela sabe que mi madre le cantaba los cinco lobitos porque nosotros se lo hemos contado, moviendo la mano delante de su cara, ante su rendida admiración. Pero el mero hecho de que la mencione, que de alguna forma exista para ella, aunque sea como alguien que vive en el recuerdo de otros, ya me resulta emocionante. Estamos tendiendo un puente con otro mundo, con ese reino incierto que es el pasado. Es una forma de reparar una injusticia.

Extraño a mamá en estos meses de crianza de Candela. Me gustaría mostrarle sus avances, verlas jugar juntas, que mamá le enseñe algún paso de danza, ahora que a Candela le gusta tanto bailar, aunque sea en sus propios términos. Echo de menos, sobre todo, preguntarle a mamá tantas cosas sobre cómo fue mi infancia con ella, cómo era ese bebé que yo fui, qué similitudes guardaba con Candela, a qué juegos jugábamos y qué canciones cantábamos. He visto en este tiempo a gente nacer y morir, y cuando camino por la calle, cuando voy en el metro, cuando estoy en un concierto mul-titudinario, se me hace raro que toda esa gente que me rodea haya nacido y vaya a morir. Que esos procesos nos resulten tan invisibles a los que estamos en la mitad de este lío tre-mendo que es la vida.

Candela, usted está aquí, ya es una persona pequeñita. Camina con alegría por ahí, dice cada vez más cosas y cada vez más raras, como una croqueta filósofa, y todo lo descubre constantemente con una alegría expansiva. Es cabezona en todas las acepciones de la palabra. Se acuerda de los lugares y las cosas, señala las estatuas, juega alrededor de las fuentes, comienza a captar la lógica del mundo. Empieza a percibir alguna injusticia, aunque todavía piensa que todo es suyo, y así lo reivindica con tesón. No se le hace extraño vivir en este sitio tan raro que se le ha ido revelando trozo a trozo, parte a parte, hebra a hebra, hasta formar un nuevo ovillo incomprensible.

Candela es una hoguerita chisporroteante, que cambia siempre, que no para de moverse, que extiende su llama alrededor. Candela está hermosísima, crujiente y blanda. Siempre está contenta, como decía mi tía Vicen que estaba yo hasta que me quitaron el chupete y se me agrió el carácter. Pronto, nos da pena, Candela empezará a desvincularse: a dejar el pezón, a dormir en su propia habitación, que aún estamos preparando. Serán pequeños gestos, pero los primeros de una larga sucesión que le llevará a ser una persona independiente y nueva. Candela ya es definitivamente una niña, sobre esto ya no cabe discusión, y lo cierto es que, aunque nos gusta mirar fotos y recordar cuando era un bebé más pequeño que un grano de avena, la preferimos como está, explosiva y parlanchina. Candela, atómica y adorable, empieza a mostrar cierto carácter, a enfadarse, a decir que no, que no y que no: acaba la crianza y entramos en una nueva etapa, la de la educación.

Nuestro amor por Candela, hija nuestra, crece a mucha más velocidad que la expansión del universo, no cabe en una caja de pizza familiar, no cabe en una manada de elefantes, es ardoroso como la superficie de Mercurio y grande como la órbita de Plutón, es tan complejo que no lo puede procesar ni la inteligencia artificial más avanzada. Un amor profundo como nuestras ojeras, creciente como nuestras canas, un amor que ni siquiera cabe en nuestros propios corazones, ya de por sí gigantescos, dilatados de albergar ese mismo amor que crece sin freno, arborescente y proliferante, hasta chocarse contra los límites exhaustos de este mundo. La vida, con sus sinsabores y desgracias, con las injusticias y los llantos, con canciones y con juegos, con un poco de dinero, tiene que valer la pena. Por eso te hemos traído aquí, hijita.

«Para viajar lejos no hay mejor nave que un libro».
EMILY DICKINSON

Gracias por tu lectura de este libro.

En **penguinlibros.club** encontrarás las mejores
recomendaciones de lectura.

Únete a nuestra comunidad y viaja con nosotros.

penguinlibros.club

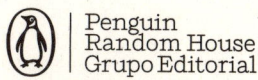